Rubens Miraglia Zani

Os Maronitas

Rubens Miraglia Zani

Os Maronitas

Igreja, Nação e Missão

CREDO EDICIONES

Cover image: www.ingimage.com

Publisher:
CREDO EDICIONES
ist ein Imprint der / is a trademark of
International Book Market Service Ltd., member of OmniScriptum Publishing Group
17 Meldrum Street, Beau Bassin 71504, Mauritius

Printed at: see last page
ISBN: 978-613-1-74537-9

S. MARON
PATER ET FUNDATOR

Homenagem a

Sua Eminência e Beatitude,

o CARDEAL BESHARA-PEDRO RAI

Patriarca de Antioquia e de Todo o Oriente

Mons. Dr. Rubens Miraglia Zani

INDICE

PREFÁCIO

Toda nação tem uma história, e todo povo tem suas narrações transmitidas de geração para geração. Nelas encontramos a alma desse povo, sua identidade, a ideia que faz de si e, não raro, até suas aspirações futuras.

A maronidade só contou as peripécias de sua existência depois de tê-las vivido no quadro das perseguições sucessivas e dos sofrimentos que suportou ao longo dos séculos, e sempre escreveu sua história com a fidelidade evangélica, o amor à Sé de Pedro e o sangue do martírio!

Todavia, o que a maronidade por vezes anotou, quando dos oásis de sua história – e Deus sabe como esses oásis foram breves – sobre as colunas de alguns daqueles manuscritos que chegaram até nós, desapareceu com as diversas invasões que assolaram o Líbano. Quantos manuscritos foram queimados! Quantos documentos históricos foram saqueados e destruídos!

Foi por isso que muitos historiadores se depararam com etapas obscuras, que escondiam episódios gloriosos da história maronita, e se queixaram de não ter à mão os documentos que falam dela! Assim, a maronidade só pode conhecer em sua realidade o que ultrapassou aquelas eras obscuras e a penúria dos documentos, dando-se conta que a maronidade viveu sua história antes de poder registrá-la no papel, e esta história continuou viva desde as origens dos maronitas até a época contemporânea.

Foi por isso que nem os incêndios que reduziram tudo a cinzas, nem os canhões que destruíram e saquearam, nem as opressões religiosas e culturais dos invasores tiveram o poder de fazer desaparecer esta história maronita escrita com fé, suor e sangue e gravada nos corações.

Em suma, a história da maronidade continua sendo uma página gloriosa da história da cristandade no Oriente Médio, desde o século V até nossos dias.

A história da maronidade, por certos versos, constitui também a história do Líbano, esse país que se aliou à maronidade desde o seu nascimento para provar ao mundo inteiro o que é a "resistência" e o que é a verdadeira "recusa"!

Para reviver e celebrar esta história, e para responder ao nosso dever eclesiástico e patriótico, decidimos escrever – resumidamente – o que é o maronismo, a fim de que nossos jovens e nossos amigos tomem conhecimento desse passado célebre, e mesmo da atualidade dura, vividos pela Igreja Maronita.

Que este opúsculo possa, abençoado por Nossa Senhora do Líbano e pelos nossos Santos libaneses, atingir o objetivo visado!

CAPÍTULO I

SÃO MARON E SEUS DISCÍPULOS

Igreja Maronita deve seu nome a um importante mosteiro erigido em memória de um anacoreta chamado MARON ou MARUN.

Quem é São Maron?

Os antigos historiadores preocupavam-se, habitualmente, em narrar a vida e as façanhas dos grandes conquistadores, dos reis e dos imperadores. Porque São Maron não foi conquistador de países fabulosos, nem rei, nem imperador, os historiadores da sua época não registraram as suas conquistas; seus discípulos e seguidores não publicaram as suas façanhas; os poetas e os músicos não se apressaram em aclamar e cantar as suas virtudes.

Por isso, não nos parece estranho o fato de não encontrarmos nas obras dos contemporâneos de São Maron mais que simples indicações e alusões rápidas que nos possibilitam, de certa maneira, perceber as características de sua rica personalidade. Por outra parte, não podemos exigir mais que isso da vida calma de um monge anacoreta que escolheu viver longe do mundo, há mil e quinhentos anos. Porém ele não conseguiu escapar ao agrupamento das multidões ao redor de sua pessoa por causa da irradiação espiritual de sua vida virtuosa.

Existem poucos dados sobre a vida e as atividades do anacoreta Maron. A primeira fonte de informação que diz respeito a São Maron é uma carta que São João Chrisóstomo mandou em 405, de seu exílio de Cucusa, na Armênia, a "Maron o sacerdote eremita", na qual pede a sua oração e se lamenta porque não pode visitá-lo pessoalmente. Esta carta é um testemunho autêntico de um contemporâneo que conheceu pessoalmente São Maron e apreciou muito a sua piedade.

A segunda e mais ampla fonte é Teodoreto, bispo de Ciro (Cyr ou Cur), falecido em 458, que relata alguns detalhes da pessoa e da vida de São Maron em sua obra "História Religiosa", escrita no ano 440. Este grande historiador, porém, não informa sobre a data do nascimento e tampouco da morte de São Maron. Mas, graças a ele, podemos dizer que São Maron nasceu e viveu no século IV. Ele retirou-se para uma vida de ascetismo das mais austeras, imitando os monges sírios de sua época, após a sua ordenação sacerdotal. Viveu na Síria Setentrional, numa colina que é provavelmente a que hoje se chama Aal'at Kalota. Na mesma região habitaram outros santos eremitas contemporâneos a Maron. A cidade de Ciro situa-se a uns 70 quilômetros no nordeste de Alepo, e a diocese de Ciro limita-se com a de Antioquia.

São Maron quis seguir a Cristo, aspirando a uma vida de perfeição cristã. Para alcançá-la, teve por mestre S. Limneus (discípulo de S. Thalássio), famoso então pela sua santidade e que o ajudou a se tornar eremita, renunciar aos apelos do mundo e aos prazeres e retirar-se para uma montanha na diocese de Ciro, onde se instalou nas ruínas de um templo pagão, transformando-o em lugar de oração e meditação. São Maron viveu no Monte Simon (Jabal Simaan) que era conhecido antigamente pelo nome de Nabu ou Yenbu (em aramaico), na aldeia de Kfar-Nabu cujo nome foi dado ao monte todo, por razão do famoso templo consagrado ao deus assírio Nabu. São Maron converteu este templo numa igreja cristã, na segunda metade do século IV.

Neste lugar São Maron escolheu uma vida monástica muito mais austera que a dos demais monges da região. Vivia ao relento, noite e dia, mesmo diante da inclemência do clima. Poucas vezes, quando o frio ou o calor chegavam ao extremo, ele se refugiava sob uma tenda de pele. Ele foi o fundador desse novo gênero de vida ascética, recolhendo ao seu redor muitos discípulos.

A sua fama espalhou-se de tal maneira que foi acercado de todos aqueles que buscavam um modelo e um guia espiritual com experiência para viver a perfeição cristã. De fato, vivendo ao relento, estava sempre disponível para acolher que o procurasse e disposto a escutar suas queixas, consolá-los de suas dores, orientá-los pelos preceitos do Evangelho e todos que o procuravam o encontravam generoso e atento, acolhedor como um pai, confortador como uma mãe, disponível como um irmão e santificador como um outro Cristo.

A vida ascética de São Maron, seu afastamento do mundo são semelhantes a uma contestação contra o dualismo que existiu entre a Religião e o Estado, após a conversão do Imperador Constantino (306-333). Com isto, ao passar dos anos, o Cristianismo chegou a ser Religião e Estado. Em virtude dessa nova situação, os cristãos perderam a graça do martírio de sangue que existia na época da perseguição. Alguns procuraram o caminho do martírio espiritual e se consagraram a Deus na vida ascética ou monástica. Aqueles monges orientais, entre eles São Maron e seus discípulos, levaram a Cruz e seguiram o caminho de Cristo em vez daquele Cristianismo que se vestiu da coroa do mundo e se sentou nos palácios dos reis. E São Maron pode ser considerado como o pai dos contestatários, no sentido positivo, sublime, ideal. Seus discípulos foram numerosos, e sua escola de ascetismo uma das mais prósperas.

Segundo o autor da "História Religiosa", São Maron foi dotado de muita sabedoria que fez dele grande diretor de almas. A austeridade de sua vida e o dom dos milagres do qual foi favorecido fizeram dele uma das grandes celebridades da região naquela época: "*Deus sendo rico e generoso para com os seus santos o gratificou* (Maron) *com o dom de curar as doenças. Sua fama espalhou-se em toda a região. As multidões acorriam a ele. Com efeito, a febre parava sob o orvalho de sua bênção, os demônios fugiam, os enfermos recuperavam a saúde, todos pela virtude de um único remédio: a oração do Santo; porque os médicos prescrevem um remédio para cada doença, mas a prece dos amigos de Deus mostra-se como o remédio que cura todas as doenças*" (Teodoreto, *História Religiosa*).

Contudo, Maron não curava somente as doenças do corpo, ele curava igualmente as doenças da alma. Libertava uns da avareza, outros do ódio; ensinava a uns a lei da justiça e acordava outros do sono da negligência. Por isso o mesmo historiador chama São Maron "o grande, o sublime, o divino".

Numerosos foram os discípulos, homens e mulheres que, seguindo o exemplo do santo e querendo imitá-lo, transformaram as cavernas, as grutas, os morros em ermidas. Todos esperavam a visita do santo para escutar seus sermões e receber dele as orientações necessárias para a vida ascética.

Assim, podemos entender a conclusão entusiasta de Teodoreto, contente de ver os frutos da piedade se multiplicar nos "jardins" de sua diocese: "Em suma, o ensino do Santo fez crescer muitas plantas para a sabedoria celeste. Maron cultivava para Deus este jardim que floresce em todas as regiões de Cyr".

O famoso historiador termina a biografia de São Maron falando de sua morte que ocorreu depois de uma breve doença, mostrando no mesmo momento "*a fraqueza da natureza e a sua força espiritual*". São Maron morreu no início do século V, cerca do ano 410 d.C.

O desejo de conseguir seus restos mortais levou a uma forte disputa entre os habitantes das cidades vizinhas. Porém os habitantes da maior cidade vizinha chegaram em grande número, expulsaram os outros e levaram esse rico tesouro. Mais tarde, construíram sobre seu túmulo uma grande igreja.

Após a morte de São Maron, seus discípulos – todos anacoretas – resolveram de comum acordo mudarem o estilo de vida solitária para a vida comunitária, tornando cenobitas e, juntando suas celas, formaram uma só família religiosa que reconhecia em São Maron seu pai e fundador. Os discípulos de S. Maron construíram um mosteiro homônimo na Síria dita "Secunda" ou "Salutaris". Nascem assim os religiosos maronitas que, vivendo em perfeita simbiose com as populações leigas que se estabeleceram ao redor do seu mosteiro, formaram com elas um só povo. De fato, o mosteiro de São Maron era a casa comum de todos eles, onde se reuniam para a oração da manhã e da tarde diariamente, para as festas e nos momentos de aflição e dor.

O santuário tornou-se logo depois um lugar de peregrinação para fiéis provenientes de todas as regiões. Em 452, o Imperador Marciano mandou construir um grande mosteiro perto de Apaméia, capital da Síria Segunda. Este mosteiro de São Maron é o berço da Igreja Maronita.

Outros mosteiros foram fundados em torno deste, constituindo uma pequena federação, de certa importância, pois seus representantes tomaram parte nos Concílios de Constantinopla em 536 e 553, assinando as respectivas atas.

Em torno dos diversos mosteiros maronitas tiveram origem comunidades paroquiais ou paróquias, todas penetradas pela espiritualidade do principal mosteiro, que era o de S. Maron. Os monges desta casa de Deus (Beit Maroun) pertenciam juridicamente ao Patriarcado de Antioquia (Síria), mas não queriam seguir todas as diretrizes bizantinas emanadas dessa sé, especialmente no modo de celebrar a Liturgia.

Em 745/6 o Patriarca bizantino Teofilacto de Antioquia tentou, pela força, reconduzir os maronitas à obediência à sé bizantina de Antioquia; em vão, porém; os maronitas resistiram e continuaram a escolher seu Patriarca e seus Bispos entre os monges do mosteiro de S. Maron.

Isto se deve também ao fato dos maronitas ficarem fiéis ao Concílio de Calcedônia (451), que declarou haver em Cristo duas naturezas (a divina e a humana) e uma só Pessoa (divina). Não seguiram os monofisitas, que professavam uma só natureza (divina) e uma só Pessoa (divina) em Cristo.

Em consequência, os maronitas foram criando para si uma certa autonomia, que se tornou plena na primeira metade do século VIII. Reconheciam, porém, o primado da Sé de Pedro em Roma e a ela se referiam sempre que possível, devido às dificuldades de comunicação da época.

Com o posterior êxodo dos maronitas da Apaméia, os discípulos de São Maron levaram para o Mosteiro principal de "Beit Maroun", berço da Igreja Maronita, uma parte dos restos de seu mestre, principalmente o crânio. Mais tarde, segundo o Patriarca Estêvão Douaihy, quando São João Maron construiu o mosteiro de Kfarhai, no Líbano, levou com ele o crânio do Santo e o guardou na igreja do mosteiro. Este ganhou assim o nome de "mosteiro de Rich Moran", isto é, "cabeça de nosso Senhor" ou chefe.

Ludovico Jacobilli, numa vida de todos os santos cujas relíquias se encontram na cidade de Foligno, na Itália, relata que no ano 1096 ao conde Michele degli Atti, filho de Galtieri, conde de Uppello, "por graça singular lhe foi oferecida a sagrada e prestigiosa cabeça de São Maron" para ser levada para a Itália a fim de não cair sob o poder dos muçulmanos fatimidas. Ele retornava da primeira cruzada (convocada em 1096).

A relíquia, que primeiramente ficou na Abadia beneditina de Santa Cruz de Sassovivo, no território de Foligno, era alvo de muita devoção. Quando os habitantes de Volperino (um distrito de Foligno na época dependente da Abadia de Sassovivo) construíram uma nova igreja (em 1440), foi transferida para ela a sacra relíquia e, com o nome deturpado de S. Mauro, São Maron se tornou o patrono local.

No ano de 1490, o bispo de Foligno, Luca Borsciani, levou-a à Catedral da cidade (dedicada a São Feliciano), colocando-a num busto-relicário de prata finamente elaborado feito especialmente para tal fim, onde S. Maron é representado com aspecto jovem e com uma grande tonsura monástica típica do Ocidente, mas com uma dalmática oriental. Todos os anos, a 10 de março, fazia-se com este relicário uma solene procissão com grande veneração e respeito.

Parte destas relíquias foi novamente trasladada para Sassovivo, mas foram roubadas aos 25 de novembro de 2005 e se desconhece até hoje o seu paradeiro.

Finalmente, Monsenhor Yussef Debs relata que, quando esteve em Foligno, em 1887, o bispo da cidade lhe ofereceu alguns fragmentos da relíquia de São Maron, trazidos por ele ao Líbano.

Bento XIV, na carta apostólica "*Inter Coetera*" de 28 de setembro de 1753, que se encontra no seu bulário (tomo VI, pag. 131), depois de haver gravemente lastimado e reprovado a conduta de Cirilo, patriarca dos greco-melquitas, por nutrir ódio pelos maronitas e taxar de heresia S. Maron[1], seu pai, e lacerar as suas imagens, conclui ter sido sempre intenção da Sé Apostólica, e sentença de todos os homens eruditos, dever atribuir a Maron as honras de Santo.

---

[1] Os maronitas foram acusados de haver cedido à heresia monotelita. Esta era um resquício do monofisismo, afirmando que em Cristo existe uma só vontade (a divina); tal doutrina foi condenada pelo Concílio de Constantinopla III (680/1), que professou duas vontades (a divina e a humana) em Cristo, sendo a vontade humana plenamente subordinada à divina. — Os maronitas rejeitam categoricamente a acusação de heresia e afirmam ter sido sempre fiéis tanto à doutrina ortodoxa quanto à Sé de Roma. Nos antigos livros maronitas encontra-se, sim, a afirmação de uma só vontade em Cristo, não por ausência de vontade humana, mas porque o querer humano de Jesus se submetia sempre ao querer divino. Tais escritos poderiam ter sido mais explícitos: professavam união moral das duas vontades em Cristo, e não a extinção da vontade humana. É de notar, aliás, que somente em 1099 os maronitas puderam tomar conhecimento da definição do Concílio de Constantinopla III (680/681); logo que a conheceram, professaram a existência de duas vontades físicas em Cristo. Portanto, não se deve falar de conversão dos maronitas.

E ainda, no Bullarium de Propaganda Fide, (apêndice; tomo II, pag. 106), se lê o breve do mesmo Papa (*Inclyta Maronitarum de ortodoxa fide*), emanado aos 12 de agosto de 1744, com o qual concedeu indulgência perpétua em todas as igrejas dos maronitas na festa de S. Maron abate, dia 9 de fevereiro (D. V.: Giordani, ibidem, pag. 549 e seguintes), nas condições de costume.

Iconograficamente, São Maron é representado costumeiramente em idade madura ou avançada, barbado, com o hábito monástico maronita – uma túnica preta com capuz, cingida à cintura por um cinto de couro preto, sob uma capa talar de mangas longas e largas, também negra – seja em atitude de oração, de joelhos, seja de pé. Muitas vezes traz a estola sacerdotal ao pescoço (tanto na forma oriental quanto na latina) e um báculo na mão esquerda (na forma latina, com voluta, ou na maronita, com um pomo encimado por uma cruz) enquanto abençoa com a direita ou aponta para o alto. Outras vezes é representado com o báculo na mão direita enquanto sustenta com a esquerda uma igreja – alusão clara à Igreja Maronita que vê nele seu Pai e Fundador.

Os Maronitas no Líbano

Depois da Ressurreição de Jesus, o Cristianismo se difundiu por todo o litoral libanês-fenício. A região montanhosa do Líbano continua sendo pagã durante os primeiros séculos, cultuando Baal, Astarte, Adonis e outros deuses. Faltava ao Cristianismo chegar às fontes dos valores ancestrais, entrar profundamente no santuário da montanha, contraforte dos antigos libaneses. Mas o "assalto" eventual contra o "Baal" da montanha não era um empreendimento nada fácil. Essa tentativa de anunciar uma nova religião, uma nova civilização e uma concepção de vida diferente das tradições antigas e de tudo o que foi conhecido e vivido pelos montanheses conservadores e tão fervorosos em seu culto era, de certa maneira, um verdadeiro desafio, um empreendimento temerário e arriscado.

Esse desafio foi uma verdadeira missão empreendida por monges ascetas, discípulos do santo anacoreta Maron. Viviam, como seu mestre, em busca da perfeição evangélica e do absoluto. Esses discípulos decidiram destruir os templos pagãos e transformá-los em lugares de culto para o único Deus verdadeiro e vivente, seguindo o exemplo de seu mestre e padroeiro São Maron.

Assim, os maronitas dirigiram-se para esta montanha

Berço da Nação Maronita

fenícia a fim de destruir os templos pagãos e transformá-los em lugares de culto e adoração ao Deus vivo, a exemplo de São Maron que escalou a montanha de Ciro e fez do templo pagão que ali encontrou um lugar de culto a Cristo.

De fato, no século V, Abraão de Cir, discípulo de São Maron, escolheu o Líbano para converter ao Cristianismo os pagãos que ali moravam. Teodoreto, bispo de Cyr, conta, em seu livro (*História Eclesiástica*), que Abraão e seus companheiros se instalaram numa aldeia pagã do Líbano, na região de Aqúra, que fazia parte da Fenícia Libanesa e dependia de Emese.

Ao chegar, Abraão e seus companheiros fingiram ser comerciantes que queriam comprar nozes, o principal produto daquela região. Alugaram uma casa, e permaneceram nela, rezando e cantando o Ofício Divino.

Isto não agradou aos habitantes daquela cidade que obstruíram as portas e, do cimo do teto, jogaram uma grande quantidade de terra e pó.

Como Abraão e seus companheiros continuassem salmodiando, os seus agressores decidiram abrir uma porta e intimaram os discípulos de São Maron a deixarem imediatamente a cidade.

Naquele momento, chegaram os coletores de impostos para exigirem dos habitantes daquela cidade um tributo superior às suas possibilidades, ultrajando alguns e brutalizando outros. Abraão, esquecendo todo o mal que os habitantes fizeram a ele, tomou a defesa dos próprios perseguidores e pagou cem peças de ouro – emprestadas de um amigo de Homs – aos soldados, para que deixassem em paz os habitantes da cidade. Estes, maravilhados com o gesto magnânimo e a bondade deste homem, imploraram seu perdão e o convidaram para ser seu chefe e protetor, ao mesmo tempo civil e religioso. Como chefe incontestável da cidade, Abraão mandou construir uma igreja.

Três anos foram suficientes para eles pregarem o Evangelho e a religião de Cristo aos novos convertidos de toda aquela região, que se converteram nos primeiros maronitas do Líbano. Depois disto, Abraão escolheu um de seus companheiros para substituí-lo na chefia daquela missão, porque queria voltar ao mosteiro que ele próprio fundara. Mais tarde, foi eleito bispo de Carrhae (Harran).

A cidade, convertida pelos discípulos de São Maron, é Monaitra situada perto de Afka, na região montanhosa de Biblos. Segundo vários historiadores e a tradição oral, essa região é a primeira convertida pelos Maronitas vindos da Síria e chega a ser seu primeiro centro de evangelização.

Um centro monástico e missionário, um "Monasterion", segundo a terminologia de Teodoreto, foi fundado por Ibrahim (Abraão). Esse mosteiro deu seu nome a Monaitra que é a corrupção dialetal da palavra "Monasterion". Nos documentos da Idade Média, essa mesma região foi chamada "Moinestre". Convém lembrar que a primeira sede do Patriarcado Maronita no Líbano foi o mosteiro de Yanouch, nesta mesma região.

Para testemunhar sua gratidão com o primeiro missionário da montanha libanesa, o nome do famoso rio daquela região, ligado à mitologia fenícia, o Nahr Adônis, recebeu o nome de Nahr Ibrahim (Rio de Abraão) e conserva o mesmo nome até nossos dias, em memória do Apóstolo do Líbano. Isto faz lembrar uma palavra famosa de Santo Agostinho "Batizamos não somente as pessoas, mas também os próprios lugares."

Este episódio da evangelização da região de Monaitra é o primeiro passo da longa marcha do Cristianismo na Montanha Libanesa feito pelos monges missionários de São Maron.

Poucos anos mais tarde, a região montanhosa de Gibbeh no norte do Líbano foi também evangelizada por uma maronita, São Simão, o Estilita (458 ou 459) e seus discípulos.

São Simão (ou Simeão), outro eremita e discípulo de São Maron, chegou ao Líbano logo depois de Abraão, e anunciou o evangelho nos povoados de Becharré, Ehden e Hadath.

Os habitantes de Hadeth-El-Gibbeh pediram o conselho do estilita[2] sobre os melhores meios que deviam usar para fazer cessar os perigos dos animais ferozes que atacavam os rebanhos e o povo da região. O Santo anacoreta aproveitou a ocasião para evangelizá-los, facilitando a sua conversão ao Cristianismo. Pediu-lhes, também, para implantarem cruzes ao redor de todo o lugarejo. Desde logo, os animais ferozes não se aproximaram mais.

O historiador Assemani falou, também, dessas inscrições, em forma de cruzes, sobre as rochas nas florestas limítrofes de Hasroun, de Becharré, de Ehden e de Aitou, quer dizer, na região de Gibbeh.

Como os monges-missionários discípulos de São Maron propalaram o Cristianismo nestas duas regiões, muitos mosteiros foram nelas construídos. O mais famoso de todos é o mosteiro de Wadi Qannubin que será, durante vários séculos, residência patriarcal. Pouco a pouco, o Cristianismo apoderou-se das aldeias e das cidades de toda a Montanha Libanesa. Lembramos que parte do litoral libanês, principalmente no sul, já havia recebido a Boa-Nova do Evangelho ainda nos tempos apostólicos e que o próprio Cristo o freqüentou com seus discípulos.

Acreditamos que é bem fundada a opinião de J. H. Dalmais: "Mais cedo e mais geralmente que em outras Igrejas, o monaquismo, célula-mãe desta Igreja, (Maronita), soube adaptar-se às tarefas apostólicas e missionárias; marcou sempre, de seu cunho, a Igreja Maronita sem fechá-la como outras, dentro do quadro de uma espiritualidade exclusivamente escatológica."

Os maronitas da montanha invadiram as cidades do litoral fenício; e a primeira cidade convertida ao Cristianismo foi provavelmente Batrun.

Pouco a pouco, o Cristianismo se apoderou das aldeias e das cidades de toda a Montanha Libanesa. Todos esses cristãos foram chamados Maronitas, graças aos discípulos de São Maron que foram os primeiros evangelizadores do "Monte Líbano".

A partir do século V, falar de maronitas e do Líbano é falar de duas entidades bem ligadas entre si, cujas relações são tão íntimas que se perdem na noite dos tempos. Isto leva Jean Salem a dizer: "A história dos Maronitas é inseparável da história do Líbano, da qual determinou seu destino de uma maneira capital. Não somente o papel exercido pela comunidade maronita deu à evolução do Líbano um caráter particular sobre o plano político, mas também sobre a civilização e a cultura, evidenciando-se que, na falta dele, a formação da nação libanesa não teria sido possível."

O número dos maronitas aumentou durante os séculos VIII, IX e X. Instalaram-se nas regiões de Jbeil (Biblos), Kesruan e no Sul do Líbano.

Quando o mosteiro de São Maron foi destruído no início do século X, a hierarquia maronita se transferiu da Síria para instalar a sua sede definitiva na montanha libanesa, habitada por maronitas desde o século V.

---

[2] Da palavra grega "stilos", que significa coluna; tais anacoretas viviam, por penitência voluntária, sobre uma coluna e daí receberem esse nome.

Os libaneses da montanha fenícia abraçaram a religião cristã e se tornaram maronitas, e verdadeiros ocupantes do país. Isto explica: o apego tremendo dos maronitas à montanha libanesa e a resistência tenaz que eles testemunharam através dos séculos para defender o Líbano, sua pátria e sua muralha de fé, identidade e liberdade.

Os maronitas representam sobre esta pequena superfície, que é o Líbano, os valores de eternidade, de civilização e de humanismo.

Abrindo seus corações a Roma e aos ensinamentos que emanam da Sé de Pedro, numa submissão racional que os honra e os enobrece, continuam guardando com o Oriente o sentido vivo das tradições legadas a eles pela Igreja de Antioquia.

Seu apego a Roma confirma e consolida mais as suas tradições antioquenas. Em Roma, como no Oriente, se sentem plenamente em sua casa. Mais além do confessionalismo estreito, vivem com uma alma verdadeiramente católica.

Mas os fiéis maronitas, amantes da liberdade e temerários viajantes, em cujas veias também correm o sangue fenício, estão hoje espalhados pelo mundo inteiro. Estimulados pela necessidade ou pela natural curiosidade difundiram-se pelos cinco continentes e é bem maior hoje o número de maronitas na diáspora que no próprio Líbano.

Nas décadas de 1970/1980 houve tentativas de torná-los mais coesos entre si, mediante a criação da União Maronita Mundial, que realizou Congressos no México (22-25/02/1979), em Nova Iorque (8-12/10/1980) e Montreal (8-12/07/1985). Infelizmente, a União Maronita Mundial deixou de existir em 1985.

Em 1994 foi lançado, em Los Angeles (USA), sob o patrocínio do Patriarca Maronita Nasrallah-Pedro Sfeir, o Primeiro Congresso Maronita Mundial, com a presença de oito bispos Maronitas do mundo inteiro. Em abril de 1997, realizou-se o Segundo Congresso Maronita Mundial, em Sydney (Austrália). No momento, este Congresso é o único movimento Maronita que existe, em nível mundial.

Mas o que unifica realmente os maronitas por todo o orbe terrestre é sua fé católica, seu amor à liturgia celebrada segundo seu rito próprio, seu apego à Sé de Pedro, primeiro bispo de Antioquia e de Roma. E vivendo e respirando com dois pulmões, um oriental e outro ocidental, dão testemunho – até a efusão do sangue, se preciso for – da sua fé sempre católica e de suas raízes orientais.

CAPÍTULO II

A ESSÊNCIA DO MARONISMO

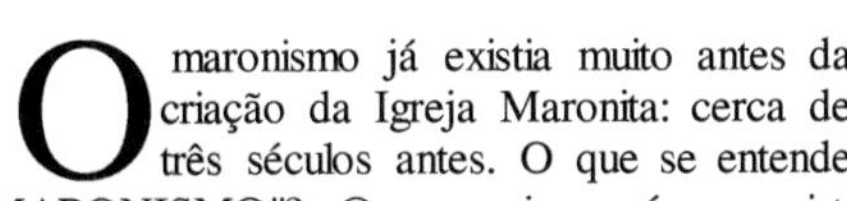

O maronismo já existia muito antes da criação da Igreja Maronita: cerca de três séculos antes. O que se entende por "MARONISMO"? O maronismo é um sistema ao mesmo tempo filosófico-teológico e sócio-nacionalista.

No curso dos primeiros séculos, a Igreja de Cristo conheceu grande número de heresias; entre elas o Monofisismo, isto é, Jesus Cristo é verdadeiro Deus, mas não é verdadeiro homem. Esta heresia logo se propagou e um novo Concílio Ecumênico teve de ser convocado para a remediar: foi o CONCILIO DE CALCEDÔNIA, convocado em 451. A doutrina definida por este Concílio foi esta: em Cristo há duas naturezas bem distintas: a divina e a humana em uma só Pessoa, isto é, Jesus Cristo é verdadeiro Deus e verdadeiro homem, doutrina baseada sobre uma visão filosófica e, sobretudo, teológica.

Após o Concílio de Calcedônia (451) a Igreja de Antioquia dividiu-se em dois "clãs": os não-calcedonianos ou monofisistas, e os calcedonianos ou defensores da verdadeira doutrina da Igreja. Os discípulos de São Maron eram obstinadamente partidários da fórmula calcedoniana. Dali nasceu o "Maronismo", e os monges maronitas se encarregaram de defender a verdade doutrinária, apesar das ameaças e opressões que aguentaram.

Também não se deve esquecer, entre outros massacres, o dos 350 monges Maronitas mortos numa emboscada por seus adversários. Assim, já no século VI, escreveram aos Papas Hormisda (517) e Agapito (518) e aos Bispos da Síria Secunda, narrando o massacre de 350 monges por parte dos monofisitas: "*Quando íamos ao mosteiro de S. Simeão para atender à causa da Igreja, os malvados nos prepararam uma emboscada; precipitando-se sobre nós no caminho, mataram, mesmo junto aos altares, aqueles que lá se refugiaram. Incendiaram mosteiros, enviando de noite homens sediciosos e subornados por dinheiro, que levaram o pouco neles existentes*" (Mansi, Sacrorum Conciliorum, t. VIII, col. 425-429). Tudo isso não logrou desviar os Maronitas de sua fé.

Os maronitas aceitaram e reconheceram rapidamente para a fé professada pelo Concílio de Calcedônia, em 451, porque esta sempre foi a fé católica. Quando 350 monges foram mortos pelos monofisitas de Antioquia, os maronitas procuraram refúgio nas montanhas do Líbano. Correspondência relativa ao evento trouxe o reconhecimento papal dos maronitas pelo Papa Hormisda em 10 de fevereiro de 518.

Esta tenacidade seria, daí por diante, uma das qualidades do maronismo, se bem que, ao longo dos séculos, eles muitas vezes tivessem que pagar bem caro por ela. De fato, mais que outras comunidades cristãs, os maronitas têm dado o testemunho (martírio) do sangue desde épocas remotas.

Aos 8/3/1514, escrevia o Patriarca Simon Bar-David ao Papa Leão X:

"*Pedimos a Deus que, em vossos dias, sejamos libertados da jurisdição dos infiéis que nos devoram, nos acabrunham e nos sobrecarregam com impostos pesados demais e perseguições, golpes e bofetadas.*"

Aos 20/04/1578, o Patriarca Miguel Rizzi se dirigia ao Papa Gregório XIII: "*Não esqueçais nosso povo, pequeno rebanho sujeito à servidão.*"

A 01/07/1860, os infelizes sobreviventes da cidade de Deir-el-Kamar escreveram: “*Os que restam da população de Deir-el-Kamar, juntamente com os que sobreviveram ao massacre da infeliz cidade de Hasbaya, vêm, pelo teor do presente, lançar-se aos pés de VV. SS.*, *declarando que não se reconhecem culpados de algum crime a não ser o de ser cristãos, e que este único crime lhes atraiu todas estas desgraças*” (publicado na obra de Jobin, La Syrie en 1860 et 1861, Paris 1880, p. 61).

Em época contemporânea, os sacerdotes da diocese maronita de Beirute redigiram o seguinte apelo em outubro de 1983: “*Os morticínios perpetrados no decorrer do último mês ultrapassaram em horror e em número tudo o que se poderia imaginar. Balanço provisório: várias centenas de civis inocentes foram massacrados, entre os quais crianças, mulheres, anciãos, enfermos que não tinham cometido mal algum — disto damos testemunho — e acreditavam que não se lhes poderia fazer mal. Os seus cadáveres jazem ainda por terra, pois os algozes proíbem a quem quer que seja o acesso às aldeias, e às vítimas negam o direito de sepultura. Todas essas aldeias, fruto do trabalho de vários séculos, estão agora desertas. Igrejas e conventos foram arrasados e os símbolos religiosos e culturais dos cristãos foram aniquilados... Em nome do ministério pastoral que nos foi confiado na diocese de Beirute, nós, sacerdotes dessa diocese, lançamos este apelo a todos os homens de boa vontade, onde quer que se encontrem.*”

Mons. Ibrahim Helou, arcebispo maronita de Saida, em maio de 1985, escrevia: “*Lamento dirigir-vos este apelo em nome de um povo cujas casas e lugares de culto em Dar el Sim e cercanias foram incendiados por assaltantes, não longe de um quartel do exército libanês. Colocamos nosso destino em vossas mãos. Salvai-nos.*”

Assim foi que nasceu a Igreja Maronita. No século IX, Dionísio de Telle-Mahre informa, em seus anais, que "*Os Maronitas sempre foram tais como são: ordenam um patriarca e bispos de seus conventos*". O Patriarca Maronita, desde a sua origem, nunca deixou de desfrutar do título de "Patriarca de Antioquia e de todo o Oriente".

A Igreja Maronita nunca deixou de sofrer perseguições. Forçados a sofrê-las ou mudar de religião, os maronitas da Síria preferiram emigrar para o Líbano, ocasião em que patriarca e bispos se dirigiram ao Líbano para juntar-se ao povo maronita libanês que ali se encontrava desde o século V. Esta emigração maciça, que começou logo depois da destruição do Mosteiro de São Maron, residência patriarcal, aconteceu no curso da primeira metade do século X.

Mas mesmo aí, em meio às agruras da montanha libanesa, a população foi frequentemente assaltada, os seus Patriarcas encarcerados e até queimados vivos. A razão de tal perseguição era, além da fé cristã católica, o vínculo dos maronitas com a Sé de Roma e os cristãos ocidentais, em consequência do que os governantes do Oriente desconfiavam dos maronitas. O Martirológio destes fiéis compreende vítimas de todas as categorias sociais, como se depreende dos exemplos seguintes:

- o Patriarca Daniel de Hadshit foi condenado à morte pelo sultão Oalaoun em 1282;
- o Patriarca Gabriel de Hejoula, após torturas atrozes, foi queimado vivo em Trípoli, em abril de 1367[3];
- o Cheique Abou Karam Hadathi foi pendurado a ganchos de ferro em 1640;
- o Cheique Younes Abou Rizk foi enforcado em Tripoli aos 21/05/ 1697;

---

[3] Na atualidade é conhecido pelo Nome de Cheique Mass'oud, conservando-se sua tumba na mesquita de Taylan, em Bab el Raml, Trípoli. Os fiéis cristãos e muçulmanos veneram sua memória.

- o leigo Canaan Daher foi decapitado aos 6/02/1740; atribuem-se-lhe milagres após a morte;

- em 1860 milhares de maronitas foram executados por causa de sua religião. Assim, em Zahle muitas mulheres foram martirizadas na capela dos jesuítas; em Deir el Qamar, 2.200 maronitas pereceram, uns crucificados, outros com a pele cortada em forma de cruz, aos 21/06;

- os três irmãos Massabki (Francis, Abdel Moti e Rafael) foram vitimados em Damasco aos 10/07/1860, e beatificados por Pio XI aos 10/10/1926;

- Yousef Hamdar, muçulmano de origem, convertera-se a Cristo, mas foi intimado a renegar a sua fé; já que resistia, teve o peito crivado de flechas aos 10/09/1919.

A partir de 13/04/1975, o Líbano passa por uma tormenta, cujas vítimas se têm multiplicado até nossos dias. Assim:

- o jovem Gassibé Keyrouz, com 25 anos, foi sequestrado e morto aos 23/12/1975, deixando um testamento espiritual que percorreu o mundo inteiro;

- os PP. Georges Harb e Youssef Farah (80 anos) foram executados em praça pública aos 18/01/1976;

- em setembro de 1983, 2.000 leigos, de todas as idades, foram massacrados nas aldeias de Chouf, de Alto Matn e de Aley;

- aos 10/09/1983, em Bireh, os algozes colocaram num caminhão todos os fiéis que encontraram, e os levaram para a igreja, onde os degolaram; sobre o altar degolaram e queimaram o sacristão e outro fiel leigo.

Estes fatos, aos quais outros muitos se poderiam acrescentar, ilustram a história e o heroísmo do povo maronita, especialmente no Líbano, onde incessantes lutas político-religiosas continuam a provar a têmpera e a fé do povo católico. Este merece ser conhecido e ajudado pelos irmãos do mundo inteiro.

Os maronitas, por causa de sua origem monástica, foram capazes de suportar a pressão intensa e até mesmo perseguição para preservar a sua Igreja, e não apenas pelos muçulmanos, mas também dos irmãos separados, como as Igrejas ortodoxas e do Oriente, bem como os esforços de latinização de Roma.

O Líbano tornou-se o refúgio dos maronitas e o centro de sua comunidade, de modo que o Líbano e a Igreja Maronita se tornaram tão ligados um ao outro que se identificam entre si. É o único país do Oriente com uma cultura cristã, principalmente por causa dos maronitas.

Mesmo em meio às lutas e perseguições a Igreja Maronita nunca descuidou da formação e da cultura de seus membros. Baste dizer que a primeira tipografia do levante foi trazida pelos monges libaneses maronitas, em 1585, de Roma, e foi instalada no Mosteiro de Santo Antão de Qozhaya, no norte do Líbano, e o primeiro livro a ser impresso foi o Saltério. Custou caríssimo, mas a Igreja Maronita teve o mérito e a grande honra de ter adquirido a primeira tipografia instalada em todo o Oriente Médio. Notamos que o Egito só teve sua primeira tipografia dois séculos mais tarde, com a chegada da expedição ao Oriente Médio de Napoleão Bonaparte. Eis aí outro traço marcante da maronidade: a cultura.

Deve-se mencionar também a influência cultural religiosa e profana exercida pelos maronitas, especialmente no estudo do Orientalismo; isto se deve, em grande parte, ao Colégio Maronita de Roma, que formou grandes vultos do saber religioso e profano: Gabriel Sionita (as-Sahyuni, 1577-1648), professor em Paris; Abraham Ecchelensis (al-Haquelani, 1605-1664), professor em Roma e em Paris; Pedro Benedictus (Boutros Murabak, 1663-1742), diretor da Tipografia Oriental de Florença, os irmãos Assemani, principalmente José Simon (1687-1768), autor da grande Bibliotheca Orientalis e de dezenas de outras obras, e seu sobrinho Estêvão Evode Astifan Awwad (1711-1782), zelador da Biblioteca Oriental de Florença; Miguel Casiri (al-Ghaziri, 1710-1791), autor do catálogo dos manuscritos árabes do Escorial. Dentre todos se destaca o Patriarca Estêvão Duwayhi, autor abundante e fecundo como historiador e liturgista. Entre seus escritos estão: *História dos Tempos; As origens dos maronitas, A Defesa da Ortodoxia dos Maronitas, o Livro de Ordenações, a Série de Patriarcas Maronitas; a Lâmpada do Santuário, o Livro de Consagrações, o Livro de Anáforas, O Livro dos Ritos e bênçãos, O Livro de Tunes siríaco*, e muitos outros.

Assim, cunhou-se na Europa um modo de dizer, nos sécs. XVII e XVIII: "Sábio como um maronita".

Os maronitas fundaram também uma rede escolar mediante a qual se tornaram colaboradores prestigiosos da IMahda (Renascimento) árabe do século XIX. O promotor de tal renascimento, iniciado entre os maronitas no séc. XVIII, foi o bispo maronita Germanos Farhât.

No campo iconográfico, infelizmente os maronitas foram prejudicados pelas constantes perseguições e fugas (além das decorrentes destruições do seu patrimônio artístico-cultural), não podendo desenvolver uma grande quantidade de modelos iconográficos. Mesmo assim, produziram primorosos manuscritos iluminados, como o Evangelho de Rabbula, ou o ícone de Nossa Senhora de Ilige – único exemplar da iconografia maronita que se perde nas brumas do tempo, tendo sempre acompanhado o patriarca nos seus deslocamentos.

A influência latina se fez sentir também no campo artístico plástico, com uma profusão de telas ou imagens segundo os cânones ocidentais.

Só recentemente houve uma grande produção iconográfica maronita como fruto do renascimento litúrgico e da volta às raízes tipicamente siríacas.

Depois que se estabeleceram no Líbano em meados do século X, ocupando principalmente as regiões de mais difícil acesso, os maronitas foram levados a desempenhar um papel importante na formação do Líbano independente. Por estarem em lugar elevado, quase inexpugnável, gozaram de liberdade e puderam exercer certa liderança sobre outras populações, cristãs ou não, que se estabeleceram no Líbano. Essa liderança beneficiou, por exemplo, as comunidades cristãs cismáticas que quiseram voltar à unidade da Igreja nos séculos XVII/XVIII.

Enfim, mas não em último lugar, outra característica que contradistingue a sempre a maronidade é a solidariedade para com os perseguidos e marginalizados. Acrisolados no sofrimento das sucessivas e duríssimas perseguições os maronitas sabiam, em primeira pessoa, o que era ser morto por causa de sua fé, desapropriado de seus bens – e dentre eles o mais caro: a liberdade – por causas de natureza política e religiosa.

Por isso, sempre que viam comunidades cristãs em perigo, perseguidas, escorraçadas de suas terras por causa da fé em Cristo, ofereciam a elas abrigo e solidariedade bem concretos: ofereciam-lhes suas terras e campos, aldeias e casas, igrejas e conventos para que pudessem existir e prosperar em liberdade. Isso fez do Líbano um oásis cristão no Oriente Médio e o lar de várias confissões cristãs distintas entre si pela língua, rito, cultura e tradições, mas com a fé em Cristo em comum.

No plano puramente religioso, os maronitas prestaram valorosa cooperação às Congregações de sacerdotes, Irmãos e Irmãs ocidentais que se estabeleceram no Oriente.

Além disso, os maronitas ajudaram todas as outras Igrejas Orientais que quiseram se tornar Católicas[4] nos séculos XVII e XVIII, sobretudo os Melquitas (com Cirilo VI Thanas), os Armênios (com Abraham Arzivian) e os Siríacos Católicos (com Michael Jaroué), além dos coptas (muito apoiados pelos maronitas Estêvão Aouad e José Assemani) e dos caldeus (com Gabriel Dam-bo).

Pode-se dizer, sem hesitação, que o Líbano cristão é obra dos maronitas; isso explica muitos fatos da história civil e religiosa do Líbano. E isto faz do Líbano um país singular no Oriente Médio, onde a tolerância, o respeito mútuo, a convivência pacífica de comunidades de fés diferentes acontecem na harmonia da vida social nacional.

Isto fez com que o Papa João Paulo II dissesse, na sua histórica viagem ao Líbano, que, mais do de uma nação, o Líbano era uma mensagem!

E até hoje há uma grande simbiose entre as Igrejas orientais, católicas ou não, com a Igreja Maronita, respeitada por elas como sempre Católica. Isto favorece o diálogo ecumênico, pois os demais cristãos não-católicos veem nos maronitas, simultaneamente católicos e orientais, interlocutores capazes de compreendê-los na sua teologia e na sua maneira sinodal de viver o governo de suas respectivas Igrejas. Isto os torna verdadeiros construtores de comunhão no presente, assim como já o foram no passado, com as bases sólidas da verdade e da caridade.

[4] É preciso lembrar que algumas comunidades de cristãos orientais se separaram da Igreja nos séculos V/VII por ocasião dos litígios teológicos a respeito da SS. Trindade e de Jesus Cristo: são os nestorianos (contrários ao Concílio de Éfeso, 431), os monofisitas (contrários ao Concílio de Calcedônia, 451) os monotelitas (contráriosao Concílio de Constantinopla III, 680/1) e os ortodoxos separados em 1054. Acontece, porém, que segmentos dessas comunidades cismáticas quiseram retornar ao seio da Igreja em época moderna; são por isso chamados uniatas. Ora, os maronitas os ajudaram e protegeram, pois não foram bem vistos pelos irmãos que não deram o mesmo passo.

CAPÍTULO III

A IGREJA MARONITA

O eremita Maron morreu, mas sua escola de ascetismo prosperou, de modo que, em pouco tempo, a importância do Mosteiro de São Maron foi se tomando cada vez maior.

Um historiador árabe do século X, Mas'Oudi, relata que "era um imenso edifício, rodeado de trezentas ermidas, habitadas pelos monges." Um bispo maronita do século XI, Tomás de Kafartab, afirma igualmente que no século VII este mosteiro contava com oitocentos religiosos.

Teodoreto, Bispo de Cyr, no século V, informa que "nas montanhas que rodeiam a cidade, os anacoretas (maronitas), disseminados por aí e por ali, brilham como estrelas, e seus raios atingem os limites do universo". Isto prova que a atividade dos monges maronitas era florescente, e os fiéis recorriam a eles em suas dores, de modo que o superior do Mosteiro de São Maron tomou-se, em curto lapso de tempo, líder espiritual e temporal.

No século VII, no momento em que o mosteiro de São Maron gozava dessa proeminência e testemunhava grande influência, os árabes invadiram a Síria Segunda na sua campanha de conquista pelo Oriente Médio.

Resultou disso que a Sé Patriarcal da Igreja oficial de Antioquia ficou desocupada por um século e vaga de 702 a 742 e foi, neste período, consideravelmente perturbada pelos acontecimentos. Nesta época, a Igreja oficial de Antioquia permaneceu sem um titular oficial, "mas o poderoso Mosteiro de São Maron, como dizia o historiador Charles de Clerq, tendo jurisdição sobre a população das vizinhanças do convento, declarou-se independente, e formou uma verdadeira Igreja, à testa da qual encontramos, no século VIII, um grande patriarca."

No Líbano, como no mosteiro de São Maron, o abade-bispo continuou sendo o chefe supremo de todos os maronitas: bispos, padres, monges e leigos. O martírio do Patriarca de Antioquia em 602 deixou os maronitas sem um líder, e o domínio da área pelos árabes interrompeu qualquer contato regular também com os Patriarcados de Constantinopla e de Roma.

Por razão desta situação confusa e humilhante para a Igreja de Antioquia, os adeptos do Concilio de Calcedônia nesta Igreja, orientados pelos monges dos mosteiros maronitas, não pararam diante de uma lei, não pediram o conselho de ninguém, não aceitaram nenhuma nomeação ou confirmação de estranhos. Reuniram-se e decidiram eleger um Patriarca vivendo no meio do povo. Para essa finalidade foi eleito e entronizado pelos monges siríacos do Patriarcado de Antioquia com apoio do povo o bispo de Batroun, Yuhanna (João) Maron, como primeiro Patriarca Maronita de Antioquia em 685/6 ou no início do século VIII.

Tal situação, a eleição São João Maron como seu Patriarca, deu origem à Igreja Maronita. E – atentem para o detalhe – nunca pediram a confirmação desta eleição, nem das sucessivas, aos dominadores árabes, como faziam as outras comunidades cristãs. Os maronitas sempre foram muito ciosos e orgulhosos de sua liberdade e de sua fé. Como poderiam pedir que um invasor e infiel ratificasse o que ele haviam feito livremente e motivados pela fé em Cristo e na Sua Igreja? Mas sempre fizeram questão da comunhão com a Sé de Roma e, tão logo lhes foi possível – mediante as Cruzadas – começaram a manter essas relações.

Esta atitude de independência altaneira, além do seu valor militar, fazia com que os maronitas fossem respeitados inclusive por seus adversários. Foram os primeiros a obter no Oriente o uso de sinos, concedido pelo sultão mameluco az-Zaler Saif ad-Din Barqoq (1382-1398) e durante muito tempo foram os únicos a gozar deste privilégio (ainda porque, com ou sem a autorização mameluca, eles tocavam os seus sinos anunciando as funções litúrgicas, principalmente a missa dominical).

Segundo seus biógrafos, antigos e modernos, baseados sobre a tradição, Yuhanna Marun nasceu no inicio do século VII, na cidade de Sarum, na região de Antioquia. Fez seus estudos na cidade de Antioquia e no principal mosteiro de São Marun na Síria Central, perto de Maarret Annaman, Depois de sua ordenação sacerdotal, a sua atividade intelectual e seu zelo missionário se irradiaram até bem longe daquela região. O Legado do Papa na Terra Santo o nomeou Bispo de Batrun (norte do Líbano) em 675 ou 676. A sua atividade missionária continuou irradiando-se no Líbano e em outros países da região.

Desde a sua entronização teve que enfrentar dois obstáculos de grande importância. O primeiro veio da parte do Imperador Justiniano II que se recusou a conhecê-lo como Patriarca. O segundo obstáculo consistiu no confronto com o Império árabe Omayade cuja capital era Damasco.

Depois de sua eleição, o primeiro Patriarca Maronita teve uma passagem rápida por Antioquia, na igreja do mártir São Babilas. Perseguido pelo Imperador Justiniano II deixou Antioquia para se dirigir ao Mosteiro de São Maron na província de Apaméia e daí para outro mosteiro perto de Damasco onde permaneceu também pouco tempo. Perseguido pelo exercito bizantino teve que se dirigir ao Líbano e estabelecer a sua residência provisória em Kfarhai, região de Batrun, a sua antiga diocese, onde guardou como relíquia de grande valor o crânio de São Maron.

Alem disso, o Califa não queria admitir a presença de um Patriarca no Líbano dando apoio e acréscimo de força aos exércitos Maradat, inimigos dos Árabes. Por isso, os combates recomeçaram entre árabes e Maradat no inicio do Patriarcado de Yuhanna Marun.

Este reunia em sua pessoa as qualidades do pastor religioso e do chefe político, isto é a prudência, a sabedoria e a coragem dos heróis nacionais. Essas qualidades e o tempo conseguiram afastar gradativamente os dois principais obstáculos.

O primeiro Patriarca Maronita foi conhecido por sua santidade e sua alta cultura teológica. Ele passou a uma vida melhor perto do ano 710. Como acontecia naquela época, o povo maronita elevou o Patriarca Yuhanna Maroun aos altares. Celebramos a sua festa no dia 2 de março de cada ano.

Assim nasceu o maronismo, um ato de contestação, de liberdade, uma iniciativa criadora e única em seu gênero na Igreja, numa unidade perfeita. Disse Charles de Clerq: "O poderoso mosteiro de São Maron, tendo jurisdição sobre a população dos arredores do convento, se declara independente e forma uma verdadeira Igreja a testa da qual nós encontramos, no século VIII, um Patriarca."

Ao instituir um Patriarcado autônomo, sem pedir a autorização do Califa Omaiade ou do Imperador Bizantino, segundo a mentalidade daquela época, os Maronitas cometiam um ato de rebeldia de uma audácia incrível. Além disso, não aceitaram, mais tarde, solicitar a investidura (Firman) exigida pelos governadores muçulmanos para todos os Patriarcas e Bispos. Os discípulos de São Maron têm sustentado essa negativa desde a época dos Califas Omaiades até o ano 1918, data do fim da época Otomana no Líbano. Este ato de ilegalidade renovado durante doze séculos define perfeitamente o caráter dos Maronitas, seus planos e seu destino. Foi a ilegalidade introduzida como principio de existência frente às legalidades tirânicas oficiais. Desta iniciativa dos monges disse o Papa Bento XIV: "Perto do fim do século VII enquanto a heresia desolava o Patriarcado de Antioquia, os maronitas a fim de se colocarem ao abrigo deste contágio, resolveram escolher um Patriarca cuja eleição foi confirmada pelos Pontífices romanos."

Pouco se ouviu falar da maronitas por quatrocentos anos, como eles calmamente viviam e como escaparam das invasões muçulmanas nas montanhas do Líbano, até o tempo das Cruzadas, quando Raymond de Toulouse os descobriu nas montanhas perto de Trípoli, no Líbano, em seu caminho para conquistar Jerusalém.

Os maronitas confirmaram novamente sua lealdade ao Papa em 1181. O Patriarca maronita Jeremias participou do IV Concílio de Latrão, em 1215, e o Colégio Maronita em Roma foi inaugurado em 1584 por interesse e vontade explícita de Gregório XIII. Os maronitas sempre permaneceram fiéis a Roma e sempre pagaram muito caro essa fidelidade no Oriente.

O Patriarca maronita foi sempre considerado e havido como chefe espiritual e líder nacional. Por exemplo, em 1919, o patriarca maronita Elias-Pedro Houwaiek presidiu a delegação oficial libanesa que se dirigiu a Paris para reclamar, na Conferência de Paz, a independência do Líbano, sob o domínio francês. Na França e nos outros países, ele é sempre recebido como chefe de Estado.

Não é muito importante, neste opúsculo, dar a lista dos 78 prelados que foram eleitos Patriarcas da Igreja Maronita, desde a origem até nossos dias; contentamo-nos em mencionar o primeiro, que foi São João Maron, e o último e atual, Sua Eminência e Beatitude BESHARA-PEDRO RAI, que nasceu em Himlaya em 25 de fevereiro de 1940, e foi ordenado sacerdote em 3 de setembro de 1967. Após sua ordenação sacerdotal, foi nomeado bispo titular de Cesaréia de Filipe e Auxiliar do Patriarcado de Antioquia dos Maronitas aos 02 de maio de 1986. Ele recebeu sua consagração episcopal em 12 de julho seguinte, das mãos do Patriarca Nasrallah-Pedro Sfeir, então Patriarca de Antioquia dos Maronitas. O Sínodo dos Bispos maronitas o nomeou Bispo de Jbeil (Biblos) dos Maronitas aos 9 de junho de 1990.

Após a renúncia ao cargo de Patriarca de Antioquia dos Maronitas do Cardeal Nasrallah-Pedro Sfeir (que guiou os destinos da nação maronita por longos e difíceis anos como forte timoneiro e pastor intrépido) por sua mesma solicitação em atenção à sua idade, e sendo esta aceita pelo Papa Bento XVI aos 26 de fevereiro de 2011, o Sínodo da Igreja Maronita o elegeu como novo patriarca em 15 de março do mesmo ano. Após a eleição, mudou o segundo nome, Boutros, em Pierre que é o nome tradicional de todos os patriarcas de Antioquia dos Maronitas em memória do Príncipe dos Apóstolos, São Pedro, fundador da Igreja de Antioquia, à qual o patriarca maronita preside na caridade como seu sucessor.

Em 25 de março, dez dias depois de sua eleição como patriarca, Bento XVI enviou-lhe a "comunhão eclesial", quando da sua entronização como Patriarca de Antioquia dos Maronitas e de todo o Oriente, na sede patriarcal de Bkerke.

Em 2011, ele também foi presidente da Conferência dos Bispos Católicos do Líbano e do Conselho dos Patriarcas Católicos do Oriente.

Em 24 de outubro de 2012 o Papa Bento XVI anunciou sua criação como cardeal no consistório marcado para 24 de novembro do mesmo ano. E neste ano, o Santo Padre – recordando a recente viagem ao Líbano e convidando toda a Igreja para rezar pelo Oriente Médio, pelos seus problemas e pelas comunidades cristãs naquelas terras – convidou, por meio do Cardeal Secretário de Estado, o Patriarca Card. Bechara-Pedro Rai para redigir os textos da meditação da Via Sacra da Sexta-feira Santa no Coliseu.

No Líbano, encontram-se cinco patriarcas católicos apostólicos romanos. O patriarca maronita é sempre o Presidente da Assembleia dos Patriarcas e Bispos católicos do Líbano; esta Assembleia é o equivalente à CNBB do Brasil. O patriarca maronita é o único Cardeal no Oriente Médio.

Sua Eminência Nasrallah-Pedro Sfeir foi o primeiro patriarca maronita a visitar o Brasil, em 1997. Nunca antes seus predecessores haviam pisado o continente latino-americano.

Em 2013, tivemos a elevada honra e a grande alegria de recebermos seu imediato sucessor, o Cardeal Beshara-Pedro Raï, na sua primeira visita apostólica ao Brasil, última etapa da sua primeira visita à América latina – tendo antes passado pela Argentina e pelo Uruguai. Que a sua presença entre nós consolide ainda mais os laços de amor à herança de São Maron que já existem na maronidade brasileira e dê novo impulso à atividade pastoral maronita na Terra de Santa Cruz!

A Igreja Maronita conta com 27 eparquias em 13 países:

Nome	Tipo	Sede	País
Patriarcado de Antioquia dos Maronitas	patriarcado	—	—
Joubbé, Sarba e Jounieh	eparquia	—	Líbano
Antélias	arquieparquia	—	Líbano
Beirute	arquieparquia	—	Líbano
Trípoli	arquieparquia	—	Líbano
Tyr	arquieparquia	—	Líbano

Nome	Tipo	Sede	País
Baalbek-Deir El-Qamar	eparquia	—	Líbano
Batroun	eparquia	—	Líbano
Byblos	eparquia	—	Líbano
Sidon	eparquia	—	Líbano
Zahlé	eparquia	—	Líbano
Alepo	arquieparquia	—	Síria
Damasco	arquieparquia	—	Síria
Lattaquié	eparquia	—	Síria
Cairo	eparquia	—	Egito
Chipre	arquieparquia	—	Chipre
Haïfa e Terra Santa	arquieparquia	—	Israel
São Maron de Montréal	eparquia	Montréal	Canadá
São Maron de Brooklyn	eparquia	Brooklyn	EUA
Nª Srª do Líbano de Los Angeles	eparquia	Los Angeles	EUA
Nª Srª dos Mártires do Líbano do México	eparquia	México	México
São Charbel de Buenos Aires	eparquia	Buenos Aires	Argentina
Nª Srª do Líbano de São Paulo	eparquia	São Paulo	Brasil
Nª Srª do Líbano de Paris	eparquia	Paris	França
São Maron de Sydney	eparquia	Sydney	Austrália
África central e ocidental	exarcado ap.	—	Nigéria
Jordânia	exarcado patr.	—	Jordânia
Jerusalém e Palestina	exarcado patr.	—	Palestina

A Liturgia Maronita

Dentre os aspectos que mais chamam a atenção dos fiéis que não são maronitas destaca-se nitidamente a sua Liturgia, ou seja, o culto público e oficial que a Igreja Maronita presta a Deus.

Tecnicamente falando, a Liturgia Maronita pertence ao Rito Antioqueno Siro-Ocidental, junto com as liturgias malankar (Índia) e siríaca (Iraque, Líbano e Síria), enquanto as liturgias malabar (Índia) e caldéia (Iraque, Irã e Turquia) são do ramo Siro-Oriental. Todas usam o aramaico (o idioma falado por Jesus e os apóstolos) como língua litúrgica, além de suas línguas nacionais.

Não é aqui o lugar de tratarmos longamente desse argumento, mas queremos apenas dar umas pinceladas introdutórias que elucidem o leitor sequioso de informação.

Inicialmente, diremos que a liturgia maronita nasceu em Jerusalém, a primeira Igreja da Cristandade, no tempo dos Apóstolos. Por isso ela é chamada de Liturgia de São Tiago, que foi o primeiro Bispo de Jerusalém.

Com as agruras e perseguições sofridas pelos cristãos de Jerusalém, estes foram constrangidos a fugirem e se instalarem em outras cidades. Com isso, levaram consigo a fé em Jesus Cristo e seus costumes rituais de celebração dos mistérios cristãos. E aonde chegavam, anunciavam Jesus e Seu Evangelho de salvação e, quando se formava uma comunidade de cristãos, também celebravam os mistérios da fé.

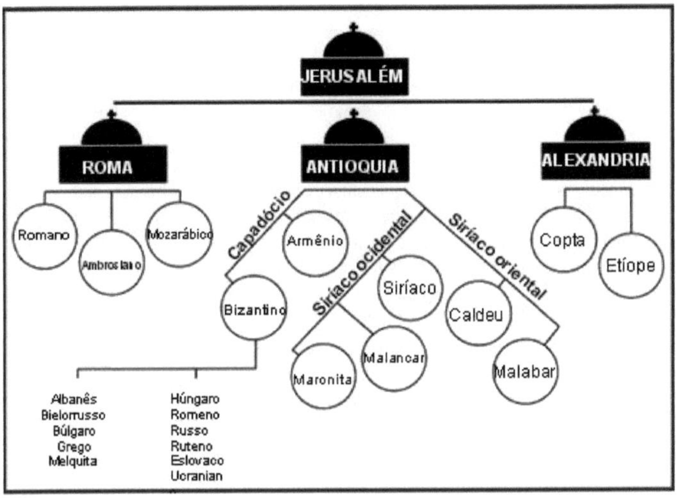

Esses cristãos, todos judeus de origem, chegaram até Antioquia onde, pela primeira vez anunciaram a pessoa e a mensagem de Cristo também aos não-judeus, que a abraçaram com fervor.

O livro dos Atos dos Apóstolos fala-nos desses fatos e de como a Igreja de Jerusalém enviou a Antioquia São Barnabé para ver de perto a situação e este, ao vê-la, exultou em Deus de alegria e, juntamente com São Paulo, permaneceu ali um longo tempo sustentando e aprimorando a fé daquela Igreja que nascia entre judeus e pagãos contemporaneamente. O primeiro Bispo de Antioquia foi São Pedro Apóstolo e foi lá que nós recebemos pela primeira vez o nome de "cristãos".

Após o cerco e a destruição de Jerusalém, no ano 70 d.C., por Vespasiano e Tito, os judeus foram proibidos de ficarem em Jerusalém e se esparramaram por várias cidades do Império Romano. Boa parte deles (e dentre estes muitos cristãos) foi para Antioquia, que era uma cidade muito florescente e um grande centro comercial e cultural então.

Logicamente, levaram consigo sua fé e seus costumes. E a comunidade cristã de Antioquia foi acrescida, de repente, de um grande número de fiéis vindos de Jerusalém e habituados com a liturgia daquela Igreja.

Isso fez com que a liturgia de Antioquia bebesse das fontes originais dos primeiros apóstolos e da primeira comunidade cristã. E dá para perceber isso ao participarmos de uma celebração maronita. Durante o sacrifício, o povo mantém com o celebrante um diálogo contínuo e suas aclamações lembram os primeiros cristãos rodeando o bispo na *fração do pão* (primeiro nome que a missa recebeu, já no tempo dos apóstolos, como lemos nos Atos dos Apóstolos e nas cartas de São Paulo).

As liturgias orientais são mais uma expressão do coração enquanto que as ocidentais – e a romana em particular – são expressão do intelecto, mais racionais.

Como todas as Igrejas orientais em comunhão com Roma, a Igreja Maronita evoluiu com seu próprio rito, durante séculos.

A liturgia Maronita é uma das mais antigas da Igreja Católica. São Pedro e outros apóstolos trouxeram a liturgia da Última Ceia e da comunidade de Jerusalém para Antioquia, onde se desenvolveu em grego e siríaco simultaneamente. A antiga liturgia de Antioquia é a base da liturgia maronita.

Os textos litúrgicos são simples e muito calcados nas Sagradas Escrituras; há muito diálogo entre a Assembleia e o seu Presidente (celebrante e fiéis); é uma liturgia de caráter popular, interativo, feita para ser participada, não assistida e celebrada na língua do povo. É um diálogo amoroso entre o filho e seu Pai, onde todos são lembrados, como numa conversa em família. E se reza muito pelos falecidos que nos são caros. É a família ao redor do altar.

Seu cunho de simplicidade grandiosa e a nota de suas orações ricas de uma força poética singular, que recopilam as Sagradas Escrituras, são fruto da pena de um dos grandes Padres da Igreja do Oriente, Santo Efrém, conhecido como *Harpa do Espírito Santo*, e de seu grande mestre, São Tiago de Sarug, além de muitos outros menos conhecidos mestres de Antioquia, que compuseram tais orações na calma da meditação amadurecida na fé e na dor da perseguição pela fidelidade a Cristo e à Sua Igreja.

Outra característica marcante da liturgia maronita é o seu caráter monástico, já que os filhos de São Marun foram os que a receberam e preservaram-na zelosamente em sua forma originária e assim a transmitiram àqueles aos quais anunciaram o Evangelho, de modo que esta liturgia, apesar das modificações introduzidas ao longo dos séculos, conserva ainda intacto seu selo de antigüidade.

Resta ainda dizer que uma outra característica que se salienta é a constante atenção na oração pelos mais frágeis da comunidade: os perseguidos, os pobres, os órfãos, as viúvas, os enlutados. Isso nasce, além do amor cristão, da constante situação de incerteza e precariedade vividas pelos maronitas, tanto que, ao terminar a celebração, o padre, ao beijar o altar para se despedir, reza silenciosamente: "*Permanece em paz, altar santo, e que eu volte em paz para ti. A Eucaristia, que sobre ti ofereci e de ti recebi, seja para o perdão dos meus pecados e penhor para me apresentar diante do trono de Cristo sem confusão nem medo,* ***pois não sei se voltarei ainda a oferecer sobre ti um outro sacrifício.*** *Senhor, guardai-me e preservai a Vossa Igreja como meio para alcançar a salvação. Amém.*" É uma reminiscência das constantes perseguições e das emboscadas às quais os maronitas sempre estiveram sujeitos.

As repetidas invocações de Nossa Senhora e dos santos são uma nota peculiar comum às celebrações próprias da Igreja primitiva e estão também bem presentes na liturgia maronita.

O que também faz ressaltar a forma antiga desta liturgia é que a sua composição fica independente do calendário. A missa latina, conforme a festa do dia, adquire nota particular (quer pelas orações próprias, quer pela recitação do Glória e do Credo, etc.). Ao contrário, nada varia nas liturgias orientais, exceto as leituras e, nas festas maiores, alguns hinos próprios.

O que realmente pode mudar segundo o gosto do celebrante é a Oração Eucarística ou Anáfora (série de orações – que incluem a consagração – com temas determinados e que no rito maronita são mais de oitenta). Enquanto o rito romano, por vários séculos, teve apenas uma única oração eucarística (o Cânon Romano), as liturgias orientais – e entre elas a maronita – sempre fizeram uso de várias anáforas, geralmente denominadas com nomes de santos.

A língua litúrgica clássica desta liturgia é o siro-aramaico, língua falada por Jesus e seus discípulos, e que Lhe serviu na última ceia para a instituição da Eucaristia.

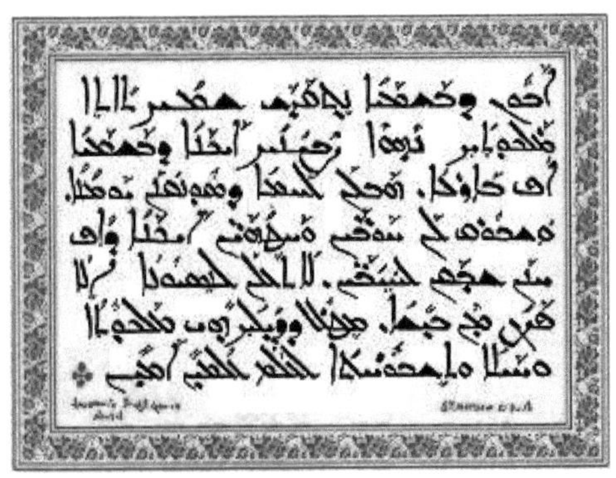

Para uma maior compreensão da liturgia e proveito espiritual dos fiéis, a Igreja Maronita costuma usar nos vários países por onde os libaneses se transferiram, deixando o Líbano, a língua falada nesses mesmos países, mas costuma também usar sempre o aramaico ao pronunciar as palavras da consagração – que é geralmente cantada.

O ano litúrgico maronita (calendário das festas que comemoram a vida de Jesus, Nossa Senhora e os santos) difere um pouco do romano, ainda que tenha a mesma estrutura.

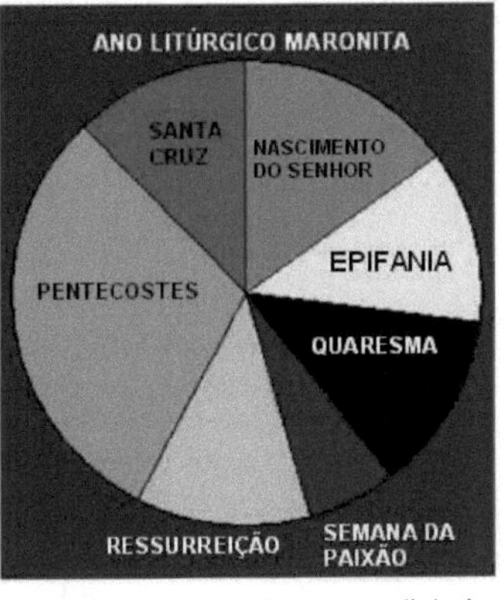

As cores litúrgicas – que variam segundo o tempo litúrgico e as festas do Senhor, de Nossa Senhora e dos Santos – são: o branco, dourado ou creme (Páscoa, Natal, santos confessores, batismo, matrimônio), o verde (São José), o vermelho (Pentecostes, Santa Cruz, mártires), o roxo (Advento e Quaresma), o preto (Sexta-feira Santa, Finados e missas exequiais) e o azul (para os meses e festas de Nossa Senhora).

Não existe exatamente um Tempo Comum no Rito Maronita, como no Rito Romano, mas sim domingos chamados "depois da Epifania" e "depois de Pentecostes", como, aliás, também se usava no rito romano antes da reforma litúrgica efetuada pelo Concílio Vaticano II. Também o uso das cores litúrgicas não segue a rigidez do Rito Romano.

Existe também um ciclo próprio para as leituras da missa maronita, que seguem um Lecionário que se repete anualmente. A leitura da Epístola é sempre de São Paulo e a do Evangelho usa seja São João como os sinóticos. Faz-se sempre uma só leitura, sem salmo responsorial ou sequência – como no Rito Romano – e se passa imediatamente à aclamação ao Evangelho com o canto do "Aleluia", substituído durante a Semana Santa pelo "Hem uhem", que é também uma aclamação de louvor, ainda que com caráter plangente.

As orações da Santa Missa maronita são muito simples e nascem de um coração que confia profundamente em Deus e na intercessão de Nossa Senhora. São a expressão de uma alma que crê e espera, sem jamais perder a fé, ainda que viva em meio a um grande tormento ou perseguição. Os maronitas sempre sofreram muito por causa da sua fé, seja por parte dos muçulmanos (porque eram cristãos) seja por parte dos ortodoxos (porque eram católicos), mas nada pôde fazer com que abandonassem a fé cristã católica e sua fidelidade ao Papa.

Outra nota característica desta liturgia é que, no final de cada oração, existe uma aclamação glorificando a Deus, para lembrar que tudo o que pedimos deve ter como fim último a glória de Deus.

A consagração é cantada em aramaico, a língua cotidiana de nosso Senhor, a Mãe de Deus, e os Apóstolos. É o mais próximo que chegamos de palavras reais do Senhor na Última Ceia.

Ao longo da liturgia, o padre vai abençoar a Assembleia vária vezes com a cruz de mão, o Evangelho e a Eucaristia em si, tanto antes como depois da Comunhão. A Comunhão é comumente dada sob as duas espécies apenas por intinção. Não há a Comunhão na mão e não há ministros extraordinários da comunhão eucarística. Apenas o bispo, o padre, o diácono ou o subdiácono dão a comunhão. É feito com as palavras: "O servo de Deus ... recebe o Corpo e o Sangue de Cristo para o perdão dos pecados e a vida eterna."

Os paramentos usados pelo sacerdote na celebração da Santa Missa no rito maronita são parecidos com os paramentos latinos. São eles.

- A **alva**: uma túnica talar (que desce até os calcanhares) branca, de mangas compridas.
- O **amito**: um grande lenço branco retangular com dois cordões compridos presos nas extremidades superiores, que o padre coloca sobre a cabeça e, depois de amarrado, faz descer para as costas em forma de capuz. Como antigamente no rito romano, o amito é usado sobre a alva e não sob ela, como no rito romano, atualmente. No rito maronita, prende-se a ele um apêndice triangular ou semi-circular na extremidade superior externa, na cor dos demais paramentos.
- A **estola**: uma longa faixa de pano um pouco larga que pende do pescoço até abaixo do joelho, unida desde a extremidade inferior até a base do pescoço, com uma abertura para dar passagem para a cabeça; segue a cor dos demais paramentos do dia.
- o **cinto**: uma faixa de pano estreita que serve para o sacerdote colocar na cintura a fim de ajustar a alva e a estola; tem a mesma cor da estola e da capa.
- a **capa**: um manto amplo que envolve todo o sacerdote e que é preso por um fecho na altura do peito; sua cor segue o ciclo litúrgico segundo expusemos acima.
- o **véu do cálice**: um quadrado do mesmo tecido e cor dos paramentos do sacerdote que serve para cobrir o cálice com a patena até a hora do ofertório e também após a purificação dos vasos sagrados.
- a **cruz de mão**: um crucifixo que o sacerdote segura na mão direita durante quase toda a celebração e que serve para abençoar (durante a missa maronita se dá muitas vezes a bênção). No rito maronita, da empunhadura da cruz pendem fitas que variam de cor segundo o tempo litúrgico ou a festa que se celebra.
- o bispo, quando celebra pontificalmente usa ainda o **báculo** (cajado pastoral símbolo da usa missão e autoridade de pastor), a **mitra** (espécie de chapéu pontiagudo formado por duas metades unidas por uma costura, trazendo na parte de trás duas tiras pendentes sobre as costas e que simboliza a sua missão e autoridade de mestre da fé para todos) e a **cruz peitoral**.

O rito maronita da Missa tem algumas particularidades, além das já salientadas acima, e dentre elas principalmente a Oração do Perdão e o Rito da Paz:

A "Oração do Perdão", ou Houssoyo, que é recitada imediatamente após a oração inicial (que dá o tom litúrgico-misterial que será desenvolvido no Houssoyo) e o Glória, consiste de duas partes:

- o "*Proémion*": oração de glorificação dirigida a Deus que sempre termina com a frase "*Ao Bom que é digno de honra e glória neste bendito dia* (e aqui de faz a memória da festa ou celebração do dia em curso) *e em todos os dias de nossas vidas, agora e pelos séculos. Amém*", que é sempre dita por quem estiver presidindo a celebração;
- o "*Sedro*": que é caracterizado pela comemoração de algum aspecto da história e da economia da Salvação e pedindo perdão acordo com a ocasião litúrgica. O Sedro sempre termina com uma oração de petição que se relaciona com a situação atual do povo de Deus.

Obs.: No Brasil, decidiu-se fazer com que a Assembleia reze este final suplicante do Sedro juntamente com o sacerdote. Da mesma forma, quando o celebrante está sozinho a celebrar, para que ele possa fazer a incensação durante o Houssoyo, um dos acólitos faz a proclamação do Proêmion, reservando ao sacerdote a sua conclusão: "*Ao Bom...*".

Devemos perdoar-nos uns aos outros antes de apresentar as nossas ofertas, segundo nos diz o próprio Jesus no Evangelho. Na missa maronita o rito da paz se dá, portanto, antes da consagração dos dons do ofertório.

O sacerdote toma a paz do altar (que simboliza Cristo) e a dá ao diácono e este aos acólitos que servem a missa que, por sua vez, a dão para as pessoas da Assembléia. Aquele que dá a paz o faz juntando as duas mãos e estendendo-as para o vizinho; isso significa que ele pede perdão e se dá por inteiro ao dar a paz de Jesus ao seu vizinho (que simboliza todos os homens)!

Aquele que recebe a paz junta também as suas mãos, mas as abre (formando um "V") para receber as mãos daquele que lhe oferece a paz como sinal de acolhida e de perdão. Quem recebe a paz a transmite imediatamente ao seu vizinho que ainda não a recebeu; assim, o sinal de paz e perdão se espalha do altar para os fiéis que se tornam instrumentos de paz e que, no final da Missa, são convidados a difundir a paz de Cristo no mundo: "*Ide em paz, caríssimos irmãos...*"

Apresentamos agora um apanhado da estrutura da celebração seguido de um esquema sinótico da Liturgia da Santa Missa segundo o Rito Romano e o Rito Maronita, usando como base a celebração dominical:

Influências na Liturgia Maronita

O centro e foco de todos os Santos Mistérios é a participação na Eucaristia. O Batismo e a Crisma nos iniciam na comunidade de crentes, mas é a Eucaristia que é a fonte e causa da comunidade. Enquanto o Batismo "nos enxerta" como membros no Corpo de Cristo, a Eucaristia nos nutre com o Corpo de Cristo. Nós, pelo Batismo, fomos adotados como filhos de Deus Pai e, então, somos irmãos de Cristo, mas é a Eucaristia que nos permite crescer na semelhança com Cristo. Assim, a Eucaristia é o Mistério Santo que completa o processo de iniciação cristã.

A Eucaristia, como os outros Mistérios, é uma celebração comunitária. A Salvação não é uma questão individualista. Nós somos salvos por e com outros. A comunidade de Cristo é mutuamente encorajadora de seus sócios. Em cada celebração da Eucaristia as alegrias e dores, sucessos e fracassos, sofrimentos e triunfos de nossos irmãos em Cristo é experienciado em união uns com os outros e com Cristo. O forte vem ajudar o fraco; o rico busca ajudar o pobre; o jovial se esforça para confortar o entristecido. Todos são impelidos pela Palavra do Evangelho, e todos os nossos sacrifícios estão unidos com o sacrifício eucarístico. Então, participar da Liturgia de domingo não é somente uma obrigação, mas é a mesma vida e coração da comunidade Cristã.

Influências na Liturgia Maronita

A Igreja Maronita em sua liturgia é afortunada sendo herdeira de, pelo menos, duas tradições ricas: as de Edessa e Antioquia. A Igreja de Edessa encontra suas origens orantes nas contribuições litúrgicas que incluem Stº. Efrém e S. Tiago de Sarug entre os seus autores. Os primeiros convertidos cristãos para a Igreja de Edessa incluíram desde cedo judeus-cristãos. Então, sua liturgia é influenciada fortemente pela mundo-visão da Bíblia. Como uma das mais antigas Igrejas estabelecidas, desenvolveu sua forma de oração antes de ser influenciada através do pensamento grego. Nossa liturgia maronita ainda hoje tem muitos hinos e orações compostos por Stº. Efrém e S. Tiago de Sarug. A "Anáfora dos Apóstolos" (também conhecido como a de Pedro III e pela palavra siríaca Sharrar), que a Igreja Maronita compartilha com a Igreja de Edessa, é a Anáfora mais antiga na Igreja Católica, e que se acha em forma adaptada como a "Anáfora da Assinalação do Cálice", usada na Sexta-feira Santa, numa liturgia centrada na celebração da Palavra que é chamada de Missa dos Pré-Santificados (numa alusão às espécies destinadas à santa comunhão, consagradas na missa do dia anterior).

A Igreja de Antioquia era a antiga Sé de S. Pedro Apóstolo e desenvolveu sua liturgia com influências da Igreja de Jerusalém. A Anáfora Maronita dos Doze Apóstolos representa a mais antiga tradição da Igreja de Antioquia. S. João Crisóstomo levou esta Anáfora para Constantinopla e se tornou a base da liturgia bizantina. Como herdeira do Patriarcado de Antioquia, a Igreja Maronita representa a liturgia de Antioquia em sua abundância. Assim, a Igreja Maronita, em sua vida de oração, preserva o modo de adoração dos Apóstolos e dos primeiros discípulos.

Qorbono (Quddas)

A palavra com a qual os Maronitas denominam a divina liturgia é Qorbono em siríaco e Quddas em árabe. O termo siríaco se refere à idéia de "oferecimento" e sublinha os atos sacrificiais de Cristo que se oferece, e em nossa própria vontade de fazer de nossas vidas uma oblação. O termo árabe se refere à idéia de "fazer santo" ou santificar e se refere ao fato de que, na liturgia, os presentes, e por analogia os participantes, são divinizados pela ação do Espírito Santo.

Preparação dos Dons ou Oferendas

A Preparação dos Dons nos recorda que a liturgia é um ato de oferecimento pela comunidade inteira. São as pessoas que trazem o tempo delas, tesouros e talentos para a celebração da Eucaristia. São escolhidos o pão e o vinho, selecionados dentre os dons ofertados, para se tornarem o Corpo e Sangue de Cristo. Semelhantemente, são consagradas nossos dons e nossa dedicação para ser de serviço a Cristo pela ação da divina liturgia.

Iluminando da Igreja

A iluminação artificial mediante a eletricidade chega à maioria das pessoas no vigésimo século. Nossa ciência moderna tem desmistificado o sol, o ciclo das estações e o ano solar. A invenção da eletricidade deu às criaturas humanas comuns poder sobre luz e escuridão. Antigamente, gerações tinham temor do sol e da luz. Quando dia chagava ao fim e lançava a escuridão sobre a terra, eles rezaram para que o sol subisse novamente e aqueles calor e vida os resgatariam novamente do frio aparentemente infinito de uma terra agonizante. Nossos antepassados tiveram uma consciência profunda da dependência total deles em relação à luz.

Porém, a ciência moderna também pode nos alertar sobre a necessidade absoluta da luz em nossas vidas. A fotossíntese é necessária a qualquer vida na terra. Se os seres humanos fossem absolutamente privados de luz, em pouco tempo eles ficariam loucos e morreriam irremediavelmente. Não se trata de nenhum acidente que a velocidade da luz seja absolutamente igual em todo o universo, segundo Albert Einstein.

Nossa tradição de fé nos ensina que aquela luz primordial foi a primeira criação de Deus e, assim, a mesma matéria do universo. Deus é retratado como o " Pai de Luzes " e Cristo é a Luz do mundo. A Bíblia nos ensina frequentemente que nós escolhemos ou viver nossas vidas de acordo com o Caminho da Luz ou o da Escuridão, em última instância; e aquela luz conduz à vida enquanto a escuridão conduz à morte. Foi revelada a verdadeira natureza de Cristo como luz incriada que resplandeceu na transfiguração e, à morte de Cristo, a Sua luz destruiu a escuridão do Sheol (a região da morte). Nosso destino imortal é apresentado como o oitavo dia de criação onde o sol nunca se extinguirá, onde nós somos chamados a ver a face luminosa de Cristo.

Por todas estas razões a iluminação da igreja em preparação para a divina liturgia tem um tão grande significado, sublinhado na liturgia maronita pelo canto do "Hino da Luz", que antecede a celebração propriamente dita da divina liturgia e prepara os fiéis para esta mesma celebração, predispondo o seu espírito para ir ao centro da Luz e n'Ela permanecer. Participando neste ato, nós estamos proclamando nossa prontidão para sermos filhos da luz e permitimos que sejam julgadas as nossas ações abertamente, à luz do dia. A iluminação das velas anuncia a presença de Cristo, a luz do mundo, ao qual damos as "boas-vindas" entre nós. Ao completarmos a iluminação da igreja, que representa o universo em miniatura, nós agradecemos pela luz e pelo calor da criação de Deus.

Rito de Preparação

A Divina Liturgia se divide, basicamente, em duas partes: a **Liturgia da Palavra** e a **Liturgia Eucarística**, e cada parte pode ser subdividida, como diremos mais adiante. A Liturgia da Palavra começa com uma etapa de preparação, purificação e catequizando, como uma introdução que visa preparar o fiel à leitura da Sagrada Escritura.

Hino de Abertura e Oração

O hino de abertura normalmente é um salmo de elogio ou um hino que comemoram o banquete eucarístico. Sendo um ato de adoração, esta recitação ajuda a elevar nossas mentes e corações para a contemplação de coisas santas. Dionísio, o Areopagita, escritor do sexto século, ressalta que o batizado recebe "uma ordem de contemplação", e considera os mistérios como sinais externos que nos conduzem em poder místico.

O celebrante e os servidores entram no Santuário que simboliza a presença de Cristo que se coloca adiante do Seu Povo, no meio da Sua comunidade. O celebrante proclama a sua indignidade e pede orações à Assembleia para que ele possa obter perdão.

A primeira oração da Liturgia anuncia o banquete que é celebrado ou citar o tema do dia.

Saudação do Celebrante e o Hino dos Anjos

O celebrante saúda a comunidade da igreja com uma saudação de paz à qual a congregação responde com o hino angélico de paz. Nós nos recordamos que a vida humana de Cristo começa com o anúncio de paz do anjo, e as aparições de Cristo depois da Sua ressurreição sempre se abriam com uma saudação de paz. Isaías o profetizou como príncipe de paz. Os anjos ao nascimento de Cristo proclamaram uma ordem mundial nova de paz entre os céus e a terra. Cristo a anuncia dando uma paz que não é deste mundo. O Cristo Ressuscitado oferece paz e o perdão dos pecados. O compromisso para com paz é reafirmado depois, na liturgia, quando o gesto de paz é oferecido a cada participante da comunidade dos fiéis antes do ofertório e da comunhão eucarística.

A Liturgia começa com o hino angélico ("Glória") pois em nossa fé acreditamos nós que sempre que a Divina Liturgia é celebrada na terra são removidos os limites entre o céu e a terra e os adoradores terrenos se unem à Liturgia Divina eterna cantada pelos anjos. Durante estes momentos de adoração terrenos nós temos a oportunidade de, misticamente, ser transportados ao umbral do Céu. Estando em um lugar santo e para participar de coisas santas, atentos à nossa finitude e pequenez. Neste serviço dos Mistérios Santos, estamos a ponto de ouvir a Palavra Sagrada de Deus e nossos corpos e almas esperam a recepção do Corpo e Sangue de Cristo. Então, é necessário se preparar e se purificar. Parte de nossa preparação consiste em sermos catequizados a respeito do plano de Deus de salvação e sobre o evento no Ano Litúrgico que nós estamos celebrando. Nós também buscamos as palavras para expressar a dor pelos nossos pecados e solicitar a clemência de Deus. E, neste momento, ao se aproximar o começo do Divino Serviço, nós temos a ocasião de solicitar a misericórdia e a graça de Deus para as nossas necessidades.

A Oração de Perdão (Husoyo)

É a todos estes aspectos que a "Oração de Perdão" ou Husoyo busca responder. O termo Husoyo em siríaco tem o significado de compensação ou perdão e também pode se referir ao assento de clemência de Deus. Os cristãos siríacos aplicaram o termo ao próprio Cristo.

O Husoyo começa com um preâmbulo ou proemion que são enviados a Deus na pessoa de Cristo. O propósito do proemion é oferecer adoração articulando os nomes gloriosos de Deus. De fato, esta oração é rememorativa da oração conhecida como as "dezoito bênçãos" oferecidas pelos judeus no seu serviço da sinagoga. Tal prática de proclamar os belos nomes de Deus como um ato de adoração é achada em muitas religiões. O que é particular à tradição de Maronita é que são dirigidos todos os nomes e títulos que Escritura aplica a Deus ao Cristo. Por exemplo, no proemion do domingo do Anúncio para a Virgem Maria, nós rezamos: "possamos ser merecedores de elogio e confessarmos o Deus de terra e céu, o Criador, o Sustentador, o Doador da Vida. No Seu amor e sabedoria, decidiu devolver aos herdeiros de Adão Sua bondade e armar a Sua tenda no meio deles." No proemion do domingo da Visitação a Isabel, proclamamos nós: "possamos ser merecedores de elogio, confessamos e glorificamos o Senhor de toda a eternidade que se escondeu no útero da Virgem; o Ancião de Dias (Senhor de toda a eternidade) que Se escondeu no templo (seio) da Virgem."

Ecoando o Concilio de Nicéia, que afirmou que a Palavra de Deus é consubstancial ao Pai, nossa tradição Maronita então reza que a Palavra de Deus encarnada em Cristo é "o Criador, Sustentador, Doador da Vida, e o Antigo de Dias", títulos que nós atribuímos frequentemente a Deus Pai. Talvez tenhamos aqui um exemplo de um princípio cristão antigo de que a "lei de fé se torna a lei de oração" (*Lex orandi, Lex credendi*), assim como também temos exemplos na História da Igreja onde o contrário também é verdade: "a lei de oração se torna a lei de fé."

O corpo do Husoyo ou Sedro é dividido em duas seções. A primeira seção é uma oração de elogio às ações de Deus e ao Seu plano de salvação, ou uma exposição do significado do banquete que se celebra. Esta seção tem frequentemente uma função de catequese. Freqüentemente em nossa tradição Maronita a Liturgia era a grande professora dos fiéis, como é comum acontecer nas liturgias orientais. Era o manual teológico deles e a sua alua de catecismo. Meditando sobre o alcance das orações em geral na Liturgia, leigos – e também clérigos – eram educados na fé. De fato, nossa fonte principal de teologia Maronita, hoje, são os fragmentos das orações dos Mistérios Santos e do Ofício Divino. Por exemplo, uma apresentação concisa do que o Maronita entende da revelação de Deus é achada no Husoyo do domingo do Anúncio a Zacarias. Ensina: "O Senhor do céu e da terra, em tempos passados, falou a seus escolhidos pelos mensageiros e anjos. Adão Lhe ouviu caminhar pelo jardim e Sua voz conduziu Abraão a uma terra estranha e nova. Moisés O viu em uma nuvem e em um pilar de fogo. Seu misterioso dedo escreveu a fórmula condenatória na parede, por uma mão desconhecida. Por estes meios preparastes um caminho direto e nivelado para revelar no final Seu mistério. Vós falastes, contudo não tendes nenhuma boca. Vós não tendes pés, contudo conduzistes. Vós nunca soubestes o que seja o pecado, mas sois infinito em Vossa clemência para com os pecadores."

A última seção do Husoyo consiste em uma série de ladainhas de petições. De fato, o termo Sedro em siríaco significa: ordem, série, elenco ou rol. Considerando que Deus outorgou as Suas graças às pessoas no passado, nós Lhe imploramos que continue a Sua generosidade. Um exemplo desta ladainha de súplica é achado no Husoyo da quarta-feira, comemorativo da Virgem Maria. Reza: "Oh Senhor, pelas orações de Sua Mãe, mantém longe da terra e das pessoas o açoite da ira; elimine perigos e perturbações; remova guerra, cativeiro, fome e epidemias de nosso meio. Tenha compaixão em nós, que somos fracos; conforte-nos, nós que estamos doentes; ajude-nos, a nós que estamos em necessidade; sustente-nos, a nós somos oprimidos; conceda repouso aos fiéis defuntos e nos permita alcançar uma morte feliz."

Durante a reza do Husoyo, é queimado incenso. O celebrante ou o diácono incensa as pessoas e o interior da igreja de forma que tudo pode ser purificado em preparação para a leitura da Palavra de Deus. O queimar incenso é um símbolo poderoso. O incenso representa algo odoroso, precioso e doce que se está queimado e, então, se consumindo. Representa portanto sacrifício, o ato de rendição por causa de um propósito mais alto. Assim, Cristo, os mártires e todos os que oferecem as suas vidas aos outros estão vivendo a oferta do incenso. Queimar incenso ao Husoyo fixa o tom da nossa Liturgia. Simboliza o sacrifício de Cristo que nos libera de nossos pecados. Participando da queima do incenso, buscamos purificação e perdão em primeiro lugar. Mas também penhor que nossas vidas serão consumidas em trabalhos bons de forma que nós também possamos nos tornar um oferecimento que agrade a Deus.

A congregação responde ao Husoyo cantando um hino ou salmo (Qolo) apropriado ao tema do banquete que é celebrado. O celebrante resume o Husoyo, então, cantando uma oração final do incenso (Etro).

Serviço da Palavra

O Hino do Três Vezes Santo (Triságio)

Com a congregação purificada e em um estado de oração, é tempo para dar boas-vindas a vinda da Palavra de Deus. O hino antigo que louva Deus como forte e imortal é cantado três vezes. Enquanto outras tradições endereçam este hino à Trindade, a tradição Maronita aqui afirma todos os atributos de Deus novamente para a Palavra que fez carne em Cristo. Em sua origem este hino celebrou a procissão das Escrituras em preparação para serem lidas à congregação. A oração que segue o Triságio solicita a Deus que santifique e purifique as mentes e corações que estão a ponto de ouvir a leitura das Escrituras Santas.

A Leitura das Escrituras Santas

A comunidade cristã de fé é fundada na audição da Palavra de Deus. Foi orando de Cristo que constituiu e formou os primeiros discípulos. Através da oração dos apóstolos a Igreja de Cristo encontrou o ser e, em última instância, se esparramou ao longo do mundo. As Escrituras Santas são a continuação do formar, orar e sustentar os novos discípulos cristãos pelos séculos a fora. As Escrituras verdadeiramente são a " Palavra Vivente de Deus " entre nós. Durante o ano Litúrgico a Bíblia inteira é lida no serviço dos Santos Mistérios e no Ofício Divino. Nós temos a oportunidade a ser instruídos por nosso Divino Mestre e meditar nas Suas Palavras de Vida.

A congregação introduz e responde à leitura das Escrituras com versos de salmos (Mazmuro) e cantando o “Aleluia”.

O celebrante, como o líder ordenado da comunidade, profere um sermão para nos exortar, nos ajudar em nossa compreensão do que nós ouvimos e aplicar as palavras do Evangelho para nossas vidas, e fazer juízo profético no mundo e seus valores.

O fiel conclui o serviço da Palavra que oferece louvor e ação de graças a Jesus Cristo para a Sua Palavra Vivente para nós.

Antigamente, era neste momento que os que não estavam prontos para celebrar o Serviço do Eucarístico deixaram o lugar de adoração. Estes excluídos eram os catecúmenos e os pecadores públicos que não tinham ainda recebido o perdão. Esta prática nos faz lembrar do nível de mérito que nós deveríamos nos esforçar para buscar para participar na celebração da Eucaristia.

A Pré-Anáfora

O Credo

Antes de começar a oração eucarística, a comunidade reunida faz uma profissão de fé. A Fé é composta de muitos elementos. No nível fundamental e mais profundo, a fé é um encontro pessoal com Deus e nossa resposta definitiva e apaixonada de mente e coração para o Deus de amor. Cria uma relação pessoal entre o crente e Deus. Na fé nós escolhemos ver a Deus, o mundo e nós mesmos através dos olhos de Cristo. Nós escolhemos fazer o Seu caminho, as prioridades d’Ele, e os valores d’Ele passam a ser os nossos valores. Para ter uma compreensão de nosso compromisso de fé, definirmo-nos como uma comunidade, e articular nossa fé para nós mesmos e para os outros, é necessário expressarmos nossa fé interna e externamente em uma série de atitudes, convicções e doutrinas.

Na Igreja desde cedo, quando havia muitos adultos convertidos, os candidatos ao batismo foram chamados a professar a sua fé publicamente. Foram desenvolvidas fórmulas concisas de fé ou “credos” com este propósito. No primeiro Concílio Ecumênico de Nicéia, em 325, um credo foi escrito para expressar as convicções principais da Igreja naquele momento; seu texto depois foi ligeiramente ampliado após a celebração do Concílio Ecumênico de Constantinopla I (381). No sexto século, este Credo Niceno-Constantinopolitano já estava incorporado na Divina Liturgia.

Recitando o Credo Niceno-Constantinopolitano afirmamos nós que somos uma parte da tradição cristã, que nós estamos preparados para integrar aquela tradição em nossas vidas e ações. Nós também afirmamos que a Eucaristia da qual estamos a ponto de participar é um sinal de nossa unidade com a fé dos apóstolos e com nossos fiéis da mesma categoria.

Considerando que o Credo foi inserido na Divina Liturgia em uma recente data, seu lugar exato na pré-anáfora é um tanto obscuro. A Igreja romana coloca isto no princípio, enquanto as Igrejas Orientais colocam isto depois do oferecimento dos dons (ofertório). A Igreja Maronita tendeu a seguir a prática romana.

A Procissão das Oferendas

São levados o pão e vinho em procissão para significar que eles são o oferecimento da comunidade inteira. Eles simbolizam nossa prontidão para oferecer todos os presentes que nós recebemos de Deus – nossa riqueza, nossa inteligência, nossas habilidades, nossos talentos, nosso tesouro, nossa vida – para o serviço d'Ele. A coleta que se faz nesse momento e é levada ao altar durante o Serviço Divino representa nossa parte, nossa colaboração para o trabalho da Igreja que busca estabelecer o reino de Deus entre nós. É um símbolo do nosso compromisso de evangelização assim como da nossa responsabilidade por viver a fé nas obras do dia-a-dia.

A procissão das oferendas também nos recorda que em dias bíblicos, foram os "primeiros frutos ou primícias" que foram oferecidos a Deus. Em outras palavras, nós reconhecemos que tudo que nós temos vêm de Deus e Ele tem direito às nossas melhores realizações. Nós também reconhecemos que o pão e o vinho levados em procissão logo conterão a mesma realidade do próprio Cristo.

Aceitação das Oferendas

Representando a Igreja, o celebrante aceita os dons dos fiéis. Nossos oferecimentos significam nosso desejo de alcançar a Deus, e nós rezamos àquele Deus ao qual buscamos que aceite nossas ofertas. Para que sejam aceitas, elas devem ser expressão de corações sinceros e têm que representar nossas intenções internas. Os escritores espirituais nos recordam que na Bíblia, que começa com a história de Caim e Abel, Deus abraçou esses que se entregam a Ele com honestidade de intenção, e rejeitou os oferecimentos dos que são insinceros. Os profetas constantemente nos acautelam que a verdadeira adoração não é uma questão externa, mas começa com a pureza de coração.

A oração de oferecimento do celebrante também nos recorda que nossa generosidade sempre é excedida pela generosidade de Deus. Conclui rezando: "... em troca dos nossos dons perecíveis, nos conceda o presente de vida e a alegria em Seu reino."

Comemorações

Em todo Serviço Divino, é a Igreja inteira, o Corpo místico de Cristo que está em adoração. Nesta oração recordamos que nossa existência como comunidade redimida é devida ao plano de salvação de Deus alcançado em Jesus Cristo. Junto conosco está a toda comunhão dos santos, desde Adão até o tempo presente, e a Santíssima Virgem Maria, da qual especialmente se lembra. Como nós recordamos esses que se foram antes de nós, solicitamos a Deus que se lembrar de nossos mortos e se lembre também de nós, os vivos, que realizam este Serviço Divino e dos que estejam impossibilitados assistir a ele.

Incensação

Com os dons colocados no altar, o celebrante incensa os dons, o altar e os fiéis novamente como um símbolo de purificação, de reserva e de pertença desses à divindade, enquanto rezamos que nossos dons, e especialmente nós mesmos, sejamos merecedores de participar neste sacrifício. Esta oração tem profundas raízes bíblicas e expressa nosso ardente desejo de sermos acolhidos por Deus.

Orações e Troca de Paz

A obra da redenção era realizar a paz. Quando nosso gênero humano pecou, divisão e alienação entraram no mundo. Nós nos alienamos do amor de Deus, do amor mútuo e do mundo ao redor de nós. De certo modo nós nos tornamos estrangeiros a nossos verdadeiros egos. Nós vivemos em uma atmosfera de discórdia que, em última instância, conduz à destruição. Cristo veio trazer a paz para o mundo. A oração de paz em nossa antiga Anáfora de Pedro III (Sharrar) diz isto perfeitamente:

A paz luminosa que os anjos do céu transmitiram aos homens na terra com cânticos gloriosos de ação de graças e pela qual a Igreja fiel é enriquecida e os olhos da consciência dos seus filhos foram iluminados – a paz que foi enviada à Santa Virgem e Mãe de Deus, Maria, pela mediação do Anjo Gabriel que disse a ela: "A paz esteja com você, o Senhor está com você, de você nascerá o Salvador dos filhos de Adão" – a paz que reconcilia os seres mais altos e os mais humildes e que os anjos vieram proclamar em declaração à terra: glória a Deus no mais alto, e na terra paz e esperança de bem para os homens – a paz carregada de vida que nosso Senhor deu aos Seus discípulos no Santo Cenáculo de Sião dizendo a eles: "Eu deixo paz a vocês, eu lhes dou minha paz, a paz do Pai que me enviou, eu a reparto entre vocês": possa a paz com a qual o Senhor estava entre eles estar também conosco e entre nós, todos os dias de nossas vidas; com Sua compaixão, perdão e apagar todas as ofensas que nós cometemos, voluntariamente e involuntariamente, conscientemente e inconscientemente, mutuamente, porque só Deus é justo, só Ele é santo. Mas, pela clemência do Senhor, a concórdia e a paz estejam com todos nós.

Tendo sido batizados em Cristo nós devemos ser os mensageiros de paz e temos que restabelecer a harmonia com Deus, um ao outro, e no mundo. Nosso Senhor também nos ensinou que antes de ofereçamos nossas oferendas temos que fazer as pazes com nossos irmãos. Então, neste momento do Serviço Divino nós somos chamados a expressar nossa paz e amar a todo esses que se unem conosco em assembleia. Nos gestos de paz, o celebrante primeiro toca as oferendas e o altar para simbolizar que a fonte de toda a paz é o próprio Cristo.

A segunda oração é chamada *oração de imposição de mãos* e a presunção é que neste momento havia uma imposição de mãos pelo celebrante sobre a comunidade. Este gesto provavelmente significou que o celebrante estava solicitando ao Espírito Santo para abençoar a congregação desejando para ela pureza e paz, ao invocar sobre ela Aquele que santifica e gera a paz.

A terceira oração é chamada *oração do véu* e indica que em tempos passados um véu cercou o altar em algumas igrejas siríacas, como acontece ainda hoje nas igrejas armênias.

Durante o Serviço da Palavra o véu estaria fechado enquanto a ação litúrgica estivesse acontecendo no lugar onde as Escrituras Sagradas eram lidas. Neste momento do Serviço Divino o véu era aberto para permitir à congregação compartilhar da ação que acontece no altar.

Escritores siríacos veem na abertura do véu uma imagem da abertura dos céus, assim como a nossa liturgia divina na terra é um reflexo terrestre da eterna liturgia divina que acontece no céu.

Outra interpretação da *oração do véu* vê nela uma referência à remoção do véu do cálice que fora levado em processão em cima das oferendas como uma proteção para elas.

Segue-se agora o esquema sinótico:

Rito Romano	**Rito Maronita**
	Preparação das Ofertas feitas pelo sacerdote (as hóstias, e o vinho com a água, são postos nos devidos vasos sagrados e cobertos por um véu).
Canto de entrada	Canto de entrada
	Orações ao pé do altar (ato penitencial)
Saudação (beijo) do altar	
Sinal da Cruz inicial	Sinal da Cruz inicial
Ato penitencial	
Glória (omite-se nos tempos penitenciais)	Glória
	Oração de Perdão (Houssoyo)
	Canto
	Oração do Incenso
	Triságio
Oração de Coleta	
Liturgia da Palavra:	**Liturgia da Palavra:**
	Hino das Leituras
1ª Leitura (AT ou At no T. Pascal)	1ª Leitura (o leitor pede a bênção ao padre): geralmente se lê uma das cartas de S. Paulo.
Salmo responsorial	
2ª Leitura (NT)	
Aclamação ao Evangelho	Aclamação ao Evangelho
Evangelho	Evangelho
Homilia	Homilia
Profissão de Fé. (Credo apostólico ou Niceno-Constantinopolitano)	Profissão de Fé (Niceno-Constantinopolitano)
Oração dos Fiéis	
Liturgia Eucarística:	**Liturgia Eucarística:**
	2ª entrada e saudação do Altar
Canto de Ofertório	Canto de Ofertório
Ofertório	Ofertório
Oração sobre as Oferendas	
	Rito da Paz
Prefácio	Prefácio
Santo	Santo
Oração Eucarística (ou Anáfora)	Oração Eucarística (Anáfora)
• Epíclese (invocação do Espírito Santo)	
• Consagração	Consagração
	Epíclese
	Oração dos Fiéis (Memento)
• Doxologia (Por Cristo, com Cristo, em Cristo...)	
	Fração, assinalação e apresentação do Cordeiro (corresponde, mais ou menos ao

	"Cordeiro de Deus" e ao "Por Cristo, com Cristo, em Cristo..." da missa romana)
Rito de Comunhão:	**Rito de Comunhão:**
• Pai Nosso	• Pai Nosso
	• Bênção da Assembleia
	• "Os Santos Mistérios" (corresponde, mais ou menos ao "Felizes os convidados..." da missa romana.
• Cordeiro de Deus	
• Comunhão	• Comunhão (sempre sob as duas espécies, por intinção, dada a todos os fiéis)
	• Bênção com as Oblatas (Santíssimo Sacramento)
• Oração após a comunhão	Orações após a comunhão
Avisos	Avisos
Bênção final	Bênção final
	Bênção especial em algumas festas e tempos litúrgicos ao final da procissão
Despedida (beijo) do altar	Despedida (beijo) do Altar com oração própria
Canto final	Canto final

Esta é a estrutura geral comparada de ambas as liturgias, no referente à missa dominical e festiva.

Como se vê, cada missa maronita vem a ser, contemporaneamente, celebração do memorial do Senhor (a santa missa em si) e bênção eucarística (bênção com o Santíssimo Sacramento), fundidas na mesma celebração.

As Igrejas orientais conservaram o antiquíssimo costume da concelebração (os sacerdotes com o bispo, ou entre si, celebram juntos no mesmo altar, e são tantas as missas quantos são os concelebrantes), que caiu em desuso no ocidente, sendo reintroduzido na liturgia romana com o Concílio Vaticano II.

A liturgia maronita pode, por tudo o que foi exposto, ser considerada como uma relíquia preciosa que conserva as tradições mais antigas e veneráveis da Igreja Católica. Daí se compreende a atenção e o carinho com que a Santa Sé cuida da preservação, pureza, conservação e da difusão deste rito, mesmo em lugares onde a maioria das pessoas é de rito latino.

Foi com este intento que o Papa Paulo VI criou uma Eparquia (diocese) maronita no Brasil.

Todas as orações da liturgia maronita estão cheias de imagens bíblicas. A história da salvação é contada uma e outra vez, e cada liturgia é um pequeno curso de teologia, usando poesia espiritual para dar louvor, honra e ação de graças pela misericórdia e o perdão de Deus e Seu amor constante para nós!

Um católico de rito romano pode participar de qualquer Liturgia Católica Oriental e cumprir as suas obrigações numa paróquia católica oriental. Um católico de rito romano pode aderir a qualquer paróquia católica oriental e receber qualquer sacramento de um sacerdote católico oriental, já que todos pertencem à Igreja Católica como um todo.

O Santo Padre incentiva católicos de rito romano a visitar as igrejas católicas orientais, embora os católicos orientais sejam desencorajados de ir às paróquias de rito romano, pois é vontade de Roma que os católicos orientais mantenham seu rico patrimônio e apoiem as suas próprias paróquias. O Vaticano II foi tão longe a ponto de dizer que se qualquer católico oriental se afastar do seu rito oriental por abandono ou por negligência, ele deve tomar cuidado e voltar ao seu patrimônio ritual e herança.

Católicos orientais que frequentam as paróquias de rito romano porque não há paróquia oriental para eles frequentarem ainda permanecem católicos orientais de seu próprio rito particular.

E mesmo que seus filhos sejam batizados em outro rito católico estes mesmos filhos e seus descendentes permanecerão sempre canonicamente ligados ritualmente à Igreja oriental de origem de seus pais.

O **canto maronita** desempenha um papel muito importante não apenas no tocante à ação litúrgica, mas também como expressão de uma identidade.

Cada cultura (e cada sociedade) tem sua própria linguagem musical, seus gostos e ritmos. Toda pessoa é capaz de julgar se o som que ela escuta é uma música ou não, ainda que essa não lhe agrade. Entretanto, a arte musical permanece além da crítica estética, análise ou do gosto pessoal do ouvinte. A arte, em si mesma, não depende de nenhum aperfeiçoamento futuro nem de transformação da linguagem usada por ela, nem da morte ou nascimento de um idioma. Ela permanece pura, completa, como um reflexo divino em plena barbárie como em plena civilização.

No Líbano, a música, como o seu povo, é cheia de vida e de entusiasmo, simples como a sua vida: vibrante de alegria como seus filhos, silenciosa como suas montanhas e vales, majestosa como seus cedros, espiritual e profunda como seus santos.

Nos cumes das montanhas ou na profundidade dos vales libaneses, o maronita, manifestando o seu ser, sempre cantou a Deus, integrando-o na sua vida simples e difícil. No seu natural quotidiano ele improvisava melodias, unindo a elas os hinos poéticos do diácono e doutor da Igreja Santo Efrém – chamado muito justamente a "Harpa do Espírito Santo" – e rezava.

I - ORIGENS E EVOLUÇÃO DO CANTO MARONITA

a) Origens judaicas: rezar com os salmos

Os salmos pertencem a uma época na qual não se distinguia a poesia do canto: tudo que era poético era também cantado. Daí vem a palavra *salmo*. O *psalmós* grego (originado do verbo *psállein*), que traduz o hebraico *mizmor*, é um canto lírico acompanhado por instrumentos de corda. A verdadeira natureza do salmo exige que ele seja cantado, com uma música mais próxima da recitação que da melodia. Isso atesta não só a sua antiguidade como a sua função de oração e seu uso litúrgico. Muitos deles foram compostos visando o culto público e formam a base da liturgia do Templo, primeiramente, e da sinagoga, num segundo momento. Muitos outros são de caráter pessoal; são a alma e o coração do fiel que se abrem diante de Deus.

Os salmos são a oração de Israel por excelência. Neles temos toda a Bíblia condensada, sob forma de oração poética. A poesia dos salmos, diferente da nossa poesia ocidental, rima ideias e sentimentos, e não sons. Há variedade de gêneros literários (sapiencial, histórico, didático, lírico, épico, etc.) e de autores (muitos são de Davi, mas há também os dos filhos de Coré e de outros autores anônimos) e servem, de forma estupenda, a manifestar a mescla de louvor e súplica da alma orante e a experiência íntima de Deus que faz o homem que crê, a ponto de não se saber o que seja mais maravilhoso: que uma tal palavra do homem seja também Palavra de Deus ou que uma tal Palavra de Deus seja também palavra do homem.

Ao longo de toda a Sua vida mortal Jesus rezou ao Pai com os salmos: na Sua oração pessoal, com seus discípulos, nas peregrinações a Jerusalém, no Templo e nas sinagogas, na cruz.

Desde a primeira comunidade de Jerusalém (cf. At 2,46), a Igreja continuou a prática de Israel e de Jesus fazendo dos salmos o elemento principal da sua oração. Os salmos são duas coisas ao mesmo tempo: são Palavra de Deus (porque foram inspirados por Ele), mas também palavra da nossa oração (porque brotam da vida e do coração humano iluminados pelo Espírito de Deus). Os cento e cinquenta cânticos que compõem o Livro dos Salmos expressam a riqueza da experiência humana e nos ensinam como falar com Deus, e sob o influxo dos monges, pouco a pouco, foram divididos segundo seu gênero literário e seu conteúdo para o uso das comunidades na oração em comum, gerando a Liturgia das Horas, composta por seus vários Ofícios distribuídos ao longo do dia (oração da manhã: Laudes; durante o dia: Prima, Tercia, Sexta e Noa; da tarde: Vésperas; da noite: Completas; e da madrugada: Matinas – segundo a divisão romana do dia), e seu uso durante a Eucaristia ou os funerais.

Assim, rezar em nome a Igreja e em união com ela, faz parte da missão diária dos sacerdotes, religiosos e, principalmente depois do Concílio Vaticano II, de muitos leigos que descobriram a beleza e a profundidade da oração litúrgica eclesial.

Essa experiência de oração em comum, típica da Igreja de Jerusalém – como atestam vários autores de época e documentos extrabíblicos – foi experienciada vivamente desde o início da vida maronita pelas comunidades de fiéis (sacerdotes, monges e leigos) que, ao redor dos mosteiros maronitas, viviam em simbiose como uma única comunidade: os leigos, ao raiar do dia, se reuniam com os monges para a Eucaristia e a oração da manhã; partiam, depois, para os seus afazeres diários e, à tardinha, voltavam a se encontrar no mosteiro para a oração da tarde (Ramsho), antes de voltarem para as suas casas. Podemos assim dizer que a oração litúrgica em comum, clero e leigos – principalmente a Eucaristia e a Liturgia das Horas – deu origem à comunidade e ao modo de ser maronita.

Um fato histórico: quando Abraão e seus companheiros, vindos do grande mosteiro de S. Marun, na Apaméia, chegaram à montanha libanesa, ainda pagã, ao se aproximarem do primeiro vilarejo foram recebidos por uma população temerosa e até hostil: "- O que esses estranhos querem por aqui? Será gente perigosa, bandidos?" Como estivesse caindo a tarde, Abraão e seus companheiros puseram-se a rezar a oração da tarde (Ramsho); e a população da aldeia, vendo-os rezar, percebeu que eram homens bons, de paz, e os recebeu muito bem. A evangelização da montanha libanesa se iniciou a partir a Liturgia.

b) Origens antioquenas

As origens do canto da Igreja Maronita estão estreitamente ligadas às da Igreja de Antioquia, herdeira direta da fecundidade apostólico-litúrgica da Igreja Mãe de todas as Igrejas: Jerusalém.

A primeira comunidade cristã antioquena nasceu no meio judaico. Tal comunidade, fortemente ligada à sinagoga e à sua liturgia, se inspira na tradição da oração coletiva judaica para se dirigir a Deus: leituras do Antigo Testamento – às quais se acrescentam extratos do Novo – canto dos salmos e de hinos bíblicos.

Mas a Igreja não tardou em deixar para trás seu contexto judaico e a se desenvolver segundo um modo cultural e cultual que lhe eram próprios, ainda que conservasse suas raízes. Para isso contribuiu muito a ação missionário de S. Paulo e seus companheiros (Barnabé, Tito e Timóteo, principalmente).

Nasceram novas tradições, e novos hinólogos inspirados enriqueceram a Igreja, seja adaptando melodias e formas inspiradas na tradição judaica – como os salmos ou cantos populares – seja compondo novas melodias e criando novas formas.

Desde o primeiro século da era cristã encontramos traços destas formas – como nos hinos paulinos (Ef 1,3-10; Fl2,6-11; Cl 1,12-20; 1Tm 3,16), nos do Apocalipse (4,11; 5,9.10.12; 11,17-18; 12,10b-12ª; 15,3-4; 19,1-7) ou em outros escritos do Novo Testamento (Lc 1,46-55. 68-79; 2,29-32; 1Pd 2,21-24), além de outros autores cristãos (conhecidos ou anônimos) das primeiras gerações.

c) Origens edessianas

Entremeada de influências judias, romanas e bizantinas, a tradição antioquena viu nascer, no séc. IV, um novo elemento: a hinologia siríaca de Edessa, representada principalmente por **Santo Efrém** (306-373) e, posteriormente, por S. Tiago de Sarug.

Como atesta o próprio Santo Efrém, desde o séc. II o herege Bardesane (154-222) compunha cânticos mediante os quais propagava suas idéias e doutrinas e Harmonius, seu filho, cuidava de dar-lhes belas melodias que compunha ou adaptava a partir de um repertório mais antigo. Textos e melodias eram tão bem feitos e se harmonizavam tão bem que encantavam os que o ouviam e os desviavam da verdadeira doutrina cristã. O mesmo se pode dizer, segundo o testemunho de Santo Agostinho, sobre o arianismo: Ário era exímio compositor de músicas que caíam imediatamente no gosto popular e que, unidas aos textos da sua mesma autoria, exerciam um fortíssimo poder de perversão da verdadeira fé cristã.

Quando Santo Efrém viu o gosto dos habitantes de Edessa pela música, e pelos hinos em particular, ele instituiu para os jovens jogos musicados e danças, criando também um coro de donzelas às quais fez aprender hinos, divididos em estrofes e refrões, o que facilitava a participação popular: o grupo coral cantava as estrofes e, todos juntos – coro e assembleia – o refrão. Os hinos que compunha cantavam os mistérios cristãos da Encarnação e do Natal, da Páscoa, do Batismo de Cristo, Sua Paixão e Ascensão segundo a fé da Igreja. Faziam parte desses hinos também outros dedicados à Virgem Mãe de Deus e aos Santos. Tal coro se reunia e cantava nas celebrações solenes dos domingos, das grandes festas e dos mártires; e ele, como um pai, se unia a elas, acompanhando-as ao som da harpa. Ele as dividia em grupos vocais distintos para executarem cantos alternados e lhes ensinava, junto com a fé, a arte musical e era tão do gosto da população de Edessa que todos se reuniam ao seu redor para os ouvir, para a vergonha e confusão dos seus adversários heréticos que, pouco a pouco, desapareceram. Devemos a Santo Efrém uma larga literatura hinológica em língua siro-aramaica. Teólogo e poeta, usou das formas poéticas para propagar o ensinamento teológico da Igreja. Sua obra domina toda a hinografia siríaca e a liturgia maronita testemunha tal fato.

c) As composições musicais após Calcedônia

Após o Concílio Ecumênico da Calcedônia (451), o Patriarcado de Antioquia se cindiu em dois ramos: um calcedoniano (ou seja, católico, atestando a fé nas duas naturezas de Cristo: a humana e a divina) e outro monofisita (negando a natureza humana de Cristo). A partir dos séculos VII – VIII, os calcedonianos se dividiram em Maronitas e Melquitas, e os monofisitas foram chamados de Siríacos Ortodoxos ou Jacobitas. Os Melquitas, pouco a pouco, se distanciaram da tradição antioquena para adotar, a partir do século XII, a tradição de Bizâncio. Os Maronitas e Jacobitas continuaram fiéis à liturgia de Antioquia, mas cada grupo tem suas particularidades mesmo conservando o espírito antioqueno.

d) Ensaios de ocidentalização

Com as Cruzadas (séculos X – XII), os Maronitas (por serem os únicos orientais que permaneceram fiéis a Roma depois do Cisma de Constantinopla, em 1054) começaram a adotar usos e ritos da Igreja de Roma; é o primeiro ensaio de latinização. Mas, introduzindo modificações nos textos da liturgia, procuraram adaptá-los o máximo possível às regras do antigo rito antioqueno. Um segundo ensaio de latinização teve lugar no século XVI com os missionários ocidentais e a fundação do Colégio Maronita de Roma (1584-1808).

Apesar de todas essas tendências de latinização ou ocidentalização, o canto maronita pode salvaguardar suas características. Ademais, não encontramos nenhum nome de compositor maronita nem alguma transcrição musical dos cantos maronitas tradicionais antes do final do século XIX. Ensaios de tradução ou de composição de cantos em língua árabe se iniciaram a partir da primeira metade do século XVIII, em particular com Abdallah Qar'ali (1672-1742) e Germanos Farhat (1670-1732) e na Segunda metade do mesmo século com Youssef Estfan (1729-1793), mas todos eles compuseram segundo o espírito da tradição, respeitando as características do canto maronita.

As fontes atuais

Atualmente, podemos encontrar as fontes do canto maronita nos seguintes livros litúrgicos:

Ofício Diário (Shhimto)
Ofício Festivo (Fanqito)
Ofício de Semana Santa (Hasho)
Ofícios Fúnebres
Ritual (Livro de Bênçãos)
Sacramentário
Pontifical
Missal

II - FORMAS E CLASSIFICAÇÃO DO CANTO MARONITA

O canto siro-maronita, como toda música litúrgica, é composta para a celebração do Ofício Divino e dos Sacramentos. A razão de ser principal de toda música vocal litúrgica é que ela se dirige a uma assembleia de oração que celebra o mistério de sua salvação em Jesus Cristo. Imagem desta assembleia, o coro visa menos suplantar esta mesma assembleia que uni-la progressivamente à celebração do mistério. Assim, as festas litúrgicas deixam de ser momentos ou ocasiões de encontro passivo dos fiéis para se tornarem verdadeiras "concelebrações": a obra e a oração de todos.

Tudo isto nos conduz a pensar que o compositor de música litúrgica não é apenas um artista que sabe trabalhar as notas e os intervalos, mas igualmente, e principalmente, um membro da assembleia litúrgica, investido de uma função eclesial que exerce em nome da Igreja, na Igreja e para a Igreja. Ele faz teologia com os sons.

a) Os gêneros musicais

O canto siro-maronita se compõe, na sua maior parte, de uma hinologia muito diversificada onde podemos distinguir as seguintes formas:

- **Qolo**: designa uma voz, um som, uma palavra; uma espécie de hino. É um poema de uma ou mais estrofes cujo início dá o título, a métrica e a melodia ao poema, assim como às outras composições das quais é modelo. O "rish qolo" designa a estrofe tipo sobre a qual se regulam e modelam a métrica e o canto das estrofes dos outros hinos.
- **Madrosho**: designa uma lição, uma instrução. As madroshe são cantos da categoria mais antiga dos hinos líricos e didáticos, em diversas métricas. Santo Efrém a utilizou para ensinar a reta doutrina cristã contra as heresias de Bardasane e dos gnósticos.
- **Sughito**: esta palavra deriva do verbo cantar; designa um canto, um hino com um caráter popular e, ao mesmo tempo, dramático, que toma a forma de um diálogo.
- **Bo'uto:** derivado do verbo orar, pedir, procurar, designa uma oração, uma súplica, um pedido. É executado pela alternância das estrofes por dois coros.
- **Sedro:** deriva do verbo dispor, organizar e designa uma série, um hino. É uma longa oração em prosa ou em verso.
- **Mazmuro:** significa salmo. Sua função é aquela do salmo responsorial. Ele se coloca sempre antes das leituras.
- **Enyone:** significa responso. Os enyone são responsos ou antífonas da salmodia responsorial.
- **Lyudoye:** significa só, único. É um canto para a oferta do incenso. Seu gênero de poema forma um todo orgânico.

b) Os instrumentos

Na música maronita tradicional, como em todas as músicas antigas, a voz tem a primazia e os instrumentos servem para acompanhá-la. Por isso o ritmo da poesia regula quase sempre aquele da música. Há nisso muita semelhança entre o canto maronita (oriental) e o canto gregoriano ou canto chão (ocidental). Tal tipo de música, mais que outros, nos estimula a parar, rezar, refletir, desfrutando não somente a melodia, bastante simples, mas também o silêncio de onde ela veio e para onde ela, gradualmente, retorna. E a voz humana é o melhor e mais apropriado instrumento para o louvor divino, já que nos foi dada pelo próprio Deus. A música vocal tradicional maronita se canta *a capella* (sem acompanhamento instrumental).

Os instrumentos usados são, geralmente, de percussão ou sopro. Mais recentemente se incorporou o uso de cordas; e como influência da ocidentalização, o órgão ou o harmônio. O uso destes instrumentos é confiado a peritos que foram treinados por antigos mestres instrumentistas. O seu uso é reservado a ocasiões solenes e festivas, como o Natal e a Páscoa, e durante certas procissões.

Tradicionalmente, só quatro instrumentos são usados na Igreja Maronita: címbalos duplos, o címbalo grande, o naqus e a maraweh. Os címbalos duplos que há muito tempo estão em uso podem ser de tamanhos diferentes. O címbalo grande consiste em um grande disco de metal suspenso e que é golpeado com uma baqueta.

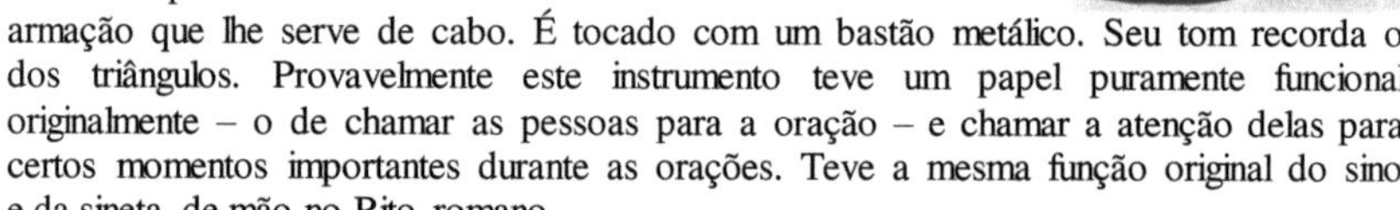

O **naqus** pode ser simples ou duplo. Este último é formado por dois hemisférios metálicos conectados a uma armação que lhe serve de cabo. É tocado com um bastão metálico. Seu tom recorda o dos triângulos. Provavelmente este instrumento teve um papel puramente funcional originalmente – o de chamar as pessoas para a oração – e chamar a atenção delas para certos momentos importantes durante as orações. Teve a mesma função original do sino e da sineta de mão no Rito romano.

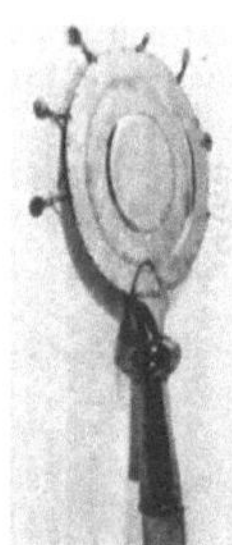

Um instrumento de percussão bastante interessante em uso desde tempos imemoráveis como instrumento litúrgico pelos maronitas é a **marwaha** (no plural, marawe): um grande disco metálico, dotado de um cabo de madeira longo aproximadamente um metro, ao qual pode-se fixar uma flâmula ou fita coloria. Este cabo é aplicado ao disco através de um apêndice também metálico, compacto junto à borda do disco e oco na outra extremidade, onde é fixado o cabo. Ao redor da sua borda, em intervalos regulares, são presas pequenas peças de metal por meio de correntinhas ou pequenos elos. Sua execução consiste em agitar docemente o disco, levantando-o e abaixando-o lentamente, usando seu cabo para isso. O som obtido é um ruído leve, farfalhante, cujo charme é realçado pela beleza visual obtida pelos movimentos de torção concomitantes aos da elevação e abaixamento do instrumento, bem como do colorido das fitas ou flâmulas que dele pendem.

Atualmente, a música litúrgica maronita testemunha a utilização crescente de instrumentos musicais de todo o gênero, orientais e ocidentais, no acompanhamento do coro e da assembleia, como o alaúde e o órgão ou harmônio.

c) O gênero monódico

As Igrejas do Oriente Próximo são unânimes em usar o canto vocal monódico na sua oração litúrgica, ainda que a música polifônica vocal ou instrumental ocidental exerça uma forte atração sobre os compositores modernos. Mas o canto vocal monódico continua a ser, de longe, o gênero musical que melhor traduz e exprime a sensibilidade religiosa maronita.

O canto maronita, geralmente, é monódico, quase sempre estrófico e silábico. A extensão das melodias é restrita: elas procedem por movimentos conjuntos; a modalidade é do tipo arcaico e o ritmo é variado.

Os cantos são interpretados sempre em perfeito uníssono e cada nota é clara e límpida. Não há momentos de clímax que se façam esperar com ansiedade; em vez disso, a linha melódica é sustentada, alimentando nossa vida emocional interior sem excitar nossos sentimentos superficiais.

Em virtude da sua estreita ligação com as Sagradas Escrituras e com a prática religiosa, o canto maronita tem o poder de conduzir a mente e o coração aos níveis mais profundos da existência, tanto do ouvinte quanto do intérprete. É uma verdadeira oração cantada.

E por se tratar de música litúrgica, ou seja, nascida para a oração em comum, e composta para facilitar a oração de uma assembleia, além de expressar as palavras da Sagrada Escritura, ela dá ritmo, andamento e acento a essa mesma Palavra de Deus rezada, auxiliando a assembleia a formar um corpo orante e a experimentar o que seja, para os fiéis, serem membros uns dos outros, partilhando um propósito claro e comum: a salvação em Cristo e a construção do Reino de Deus na terra.

Como a música litúrgica, tradicional ou contemporânea, é essencialmente vocal, convém que o acompanhamento instrumental se faça com discrição, a fim de que a supremacia da voz humana, instrumento de oração por excelência, seja preservada. Isso não impede, entretanto, que novos instrumentos sejam acrescentados atualmente à execução das melodias e como sustento do canto. Por influência latina, por muito tempo se usou o harmônio ou o órgão, como hoje, por influência oriental se usa o alaúde.

d) Os "grupos" do repertório musical maronita

O musicólogo Pe. Dr. Louis Hage, divide o repertório musical maronita em cinco grupos:

1. Cantos siro-maronitas: cujas melodias são muito antigas e cujos textos são em siríaco;
2. Cantos siro-maronitas árabes: cujas melodias são aquelas do canto siro-maronita, mas o texto aramaico foi traduzido e metrificado em língua árabe. Poderíamos acrescentar como uma sub-secção aqui os trabalhos de tradução para outras línguas modernas (francês, inglês, português) dos textos siro-maronitas, conservando a mesmo melodia tradicional.
3. Melodias improvisadas;
4. Melodias estrangeiras: melodias ocidentais ou orientais aplicadas a textos árabes a partir do século XVIII, aproximadamente;
5. Melodias pessoais: nascido a partir do final do século XIX, apresenta uma grande variedade.

e) Os textos musicados

No plano linguístico, os maronitas falavam o siríaco ou aramaico, idioma falado por Jesus, a Virgem Maria e os Apóstolos, e que foi a língua oficial da região até a invasão de conquista árabe (século VII). A partir de então, a língua siro-aramaica sofreu a grande concorrência da língua árabe, que acabou por suplantá-la nos países conquistados. Do cruzamento de ambos os idiomas nasceu no Líbano o que chamamos de dialeto libanês. Mas o siro-aramaico continua sendo a língua oficial da liturgia maronita, como o é o latim para a liturgia romana. Assim sendo, a língua litúrgica dos maronitas foi exclusivamente o siro-aramaico até o século VII e, desde então, somam-se a ela o árabe e outras línguas modernas, segundo os idiomas dos países onde os maronitas da diáspora se encontram.

Isso cria uma certa dificuldade quando se quer traduzir e adaptar para os idiomas modernos os textos maronitas musicados: de uma lado, fidelidade à música original e, de outro, fidelidade aos texto original e à métrica poética. Grande líder dessa arte é o Mons. Mansour Labaky, fecundo criador e adaptador de hinos litúrgicos maronitas nas várias línguas faladas atualmente pelos maronitas, especialmente em francês e inglês.

A Espiritualidade Maronita

Quanto à espiritualidade, os maronitas são herdeiros da tradição siríaca, fartamente nutrida pelas fontes bíblicas, litúrgicas e patrísticas. É muito marcada pela ascese, assaz rigorosa para os eremitas e abrandada para os fiéis leigos.

A alma dessa espiritualidade é a Liturgia, que durante muito tempo foi escola de fé e princípio animador da vida dos indivíduos e das comunidades.

A liturgia é considerada como o "sacramento do povo de Deus" em marcha para a terra prometida, reunindo-se ao redor do seu chefe, o Cristo, na prefiguração de um ajuntamento final do qual fala o autor do Apocalipse. Com efeito, a palavra "igreja", em siríaco, é "Knuchto" e significa ajuntamento.

Nesse povo de Deus em estado perene de marcha, até a chegada na Casa do Pai, cada homem em particular é um peregrino acompanhado pela liturgia durante toda a sua vida: no nascimento, no amor, na alegria e na morte. Para os orientais igualmente, a liturgia é, por conseguinte, o ponto de partida de toda evangelização e o ponto de finalização da vida cristã. A ação litúrgica na tradição oriental é a principal fonte de alimento espiritual.

O diálogo entre o Senhor e o Seu povo passa-se em clima de profunda oração. A comunidade reunida deve poder dizer honestamente: "O nosso coração está em Deus!". Há orações, salmos, hinos e cânticos transmitidos e curtidos de geração em geração, como um tesouro precioso para expressar e transmitir a fé.

A partir do fim do século XVI, a espiritualidade latina entrou também no patrimônio dos maronitas. Em parte isto se deve a antigos alunos do Colégio Maronita de Roma, fundado em 1584; traduziram para o árabe e adaptaram obras como "A Imitação de Cristo", o "Catecismo de São Roberto Belarmino", o "Catecismo Romano", obras de Sta. Teresa de Ávila e os Exercícios Espirituais de Sto. Inácio de Loiola, entre outras.

Também se nota a influência de religiosos latinos (jesuítas, lazaristas, franciscanos, salesianos, irmãos educadores e irmãs diversas), que, vivendo lado a lado com os maronitas, especialmente no século XIX, lhes transmitiram algumas devoções ocidentais, medievais e modernas, como a Via Sacra, o culto ao S. Coração de Jesus, o escapulário do Carmo, a veneração a determinados Santos, orações, novenas, procissões e cânticos, o uso de imagens; o Rosário já fora assumido desde 15/08/1580. Mesmo com esta "latinização", os maronitas souberam guardar sua alma oriental e imprimir nas devoções apreendidas do Ocidente seu timbre nitidamente oriental.

Em consequência, quem entra numa igreja maronita poderá perceber lá a recitação do terço, a devoção dos meses de maio e outubro, a adoração do SS. Sacramento, a veneração a Sta. Teresinha do Menino Jesus e a outros santos ocidentais.

É a partir de tais fontes que grandes vultos maronitas se nutriram espiritualmente ao longo de suas vidas; assim S. Charbel (1828-1898) e seu mestre São Namtala Kassab al-Hardini (+1858), Santa Rafqa (+1914), os Beatos Ir.Estêvão Nehme, OLM (+1938) e o Pe. Tiago Haddad, OFM Cap (+1954), o Pe Genadios Mourany (+1959), e poderíamos continuar com uma longa série.

Hoje se vive uma volta às raízes, principalmente na liturgia, com o esforço de resgatar as origens e salvaguardar o patrimônio tipicamente maronita.

Por isso autores como o Patriarca Estevão Duaihi são pesquisados, traduzidos, estudados e aplicados na reforma litúrgica que busca devolver à Igreja maronita sua plena essência siro-antioquena.

Nisto também ela prova e realiza a sua plena catolicidade, cumprindo um dos princípios emanados pelo Concílio Ecumênico Vaticano II: volta às fontes, em pleno respeito à sua identidade oriental – uma verdadeira riqueza para toda a Igreja.

CAPÍTULO IV

O PATRIARCADO MARONITA

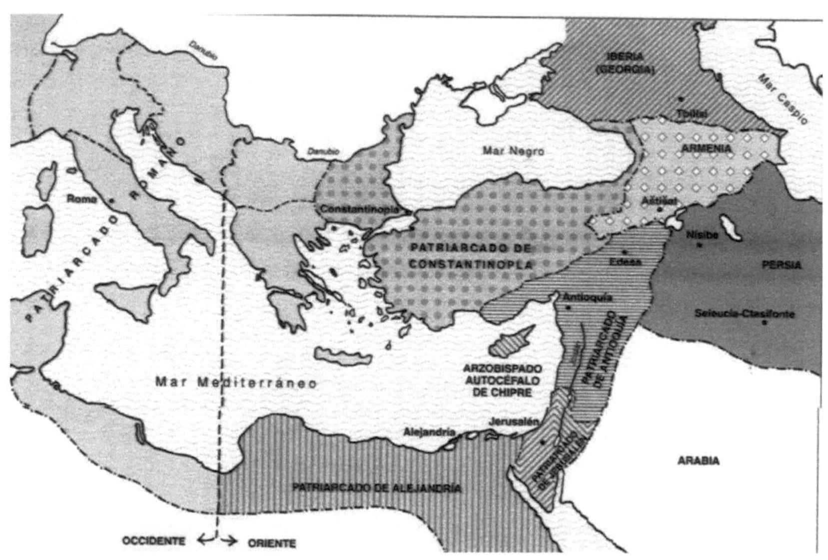

Os Patriarcados do Oriente foram definidos, no século V, da seguinte maneira: os de Constantinopla, Alexandria, Antioquia e Jerusalém; no Ocidente, só há uma Sé Patriarcal: a de Roma.

A Sé Patriarcal de Antioquia originalmente compreendia todo o Oriente, exceção feita ao Egito, mas com o tempo dela se desmembrou os Patriarcados de Constantinopla e de Jerusalém, no século V e, posteriormente, o Armênio.

No início do século V, quando do nascimento do maronismo, o Patriarcado de Antioquia compreendia quinze províncias ou dioceses, isto é: Síria, Cilícia (Armênia), Mesopotâmia (Iraque), Península Arábica, Fenícia (Líbano), Palestina, Chipre, e todos os outros países do Oriente Médio.

Por outro lado, a Igreja de Antioquia foi fundada por São Pedro, chefe dos apóstolos, antes de ir para Roma, capital do Império Romano. Por esta razão é prerrogativa do patriarca maronita acrescentar a seu prenome o de "PEDRO", em honra de São Pedro que foi o primeiro patriarca de Antioquia: Antonio-Pedro, Elias-Pedro, Nasrallah-Pedro, etc. ... Patriarca de Antioquia e de Todo o Oriente. Os maronitas pertencem à Diocese e ao Patriarcado de Antioquia. Assim os Patriarcas maronitas são a continuação de uma cadeia de Patriarcas antioquenos católicos, dos quais o primeiro de todos eles é São Pedro que fundou a Igreja de Antioquia antes de presidir a Igreja de Roma

O Cristianismo mundial começou em Antioquia. Foi em Antioquia que os seguidores de Cristo foram chamados cristãos pela primeira vez, como consta nos Atos dos Apóstolos (At. 11,26).

No ano 518, o Patriarca de Antioquia, Severius, foi deposto por ter negado as duas naturezas distintas em Cristo e por rejeitar os decretos do Concílio de Calcedônia. Um Patriarca Católico o sucedeu, com o nome de Paulo. No entanto, nem todos os cristãos aprovaram sua nomeação, e, em consequência, a Igreja ficou dividida em dois grupos, o calcedonianos e anti-calcedonianos. Desde aquela época, sempre houve um Patriarca católico mantendo a fé, tal como foi definida em Calcedônia, e um Patriarca não-católico a rejeitá-la.

Um século mais tarde, outra divisão afetou a Igreja de Antioquia, deixando três grupos de cristãos: os siríacos, os maronitas e os melquitas, e esta divisão continuou até os dias de hoje.

A partir do século VII, vemos que a Igreja original deu origem a cinco comunidades distritais: os melquitas, os maronitas, os siríacos, os assírios e os armênios, cada qual com seu próprio Patriarca. No século XII ainda outro Patriarca foi adicionado na pessoa do Patriarca Latino.

A instituição do Patriarcado Maronita aconteceu no final do século VII ou inicio do VIII, com a eleição de São João Maron como primeiro Patriarca Maronita de Antioquia.

Antes de São Maron (+ 410) e do mosteiro construído em seu nome, a maior parte dos cristãos de Antioquia (norte de Síria) e seus arredores era de língua grega. Mas quando os habitantes dos vilarejos, falando quase unicamente o siro-aramaico, converteram-se ao Cristianismo, graças à iniciativa dos monges maronitas, a balança das forças na Igreja de Síria inclinou-se para o lado destes e de todos os cristãos arameus. Assim, tiveram a possibilidade de eleger um Patriarca Maronita para a sede patriarcal de Antioquia, vacante efetivamente durante quase um século, por razão de dificuldades políticas e religiosas.

Nesta situação, depois da morte do Patriarca antioqueno Anastácio II (598-610), a sede patriarcal de Antioquia ficou sem titular. Com a invasão muçulmana árabe (636), as dificuldades para a escolha de novos Patriarcas aumentavam cada vez mais. De vez em quando, essa sede foi ocupada por um representante eclesiástico nomeado pelo Imperador de Bizâncio. Aquele representante morava no próprio Palácio Imperial e não com o povo.

Nesta época bastante atormentada por acontecimentos diversos, e enquanto a Igreja oficial de Antioquia se encontrava sem chefe, eis que "o poderoso mosteiro de São Maron, tendo jurisdição sobre a população dos arredores do convento, se declara independente e forma uma verdadeira Igreja à testa da qual nós encontramos, durante o século VIII, um patriarca" (Charles de Clerq).

A data exata da formação deste Patriarcado não é conhecida. Alguns historiadores dizem que no ano 686; outros, perto do ano 707. Mas o primeiro Patriarca, com certeza, foi o abade do mosteiro de S. Maron, São João Maron. Dele falou o Papa Bento XIV dizendo: "Perto do fim do século VII enquanto a heresia desolava o Patriarcado de Antioquia, os maronitas, a fim de se colocarem ao abrigo desse contágio, resolveram escolher um patriarca cuja eleição foi confirmada pelos pontífices romanos". Estes apoiaram os Patriarcas maronitas a fim de que a sede de Antioquia não fosse ocupada por um bispo que não admitia o Concilio de Calcedônia.

Com efeito, frente àquela situação humilhante para a Igreja de Antioquia, os maronitas não pararam diante de uma lei, não pediram conselho a ninguém, não aceitaram nenhuma nomeação ou confirmação de estranhos. Reuniram-se e fizeram do superior do mosteiro de São Maron, na Síria, um Patriarca.

Assim nasceu o maronismo: um ato de contestação, de liberdade, um fato concluído, uma operação corajosa, uma iniciativa criadora e única em seu gênero na Igreja, numa unidade perfeita. A confirmação do primeiro Patriarca maronita virá depois com louvor e elogio. Parece também que o legado do Papa no Oriente Próximo foi "cúmplice" no planejamento e na execução dessa eleição patriarcal.

Os maronitas decidiram, desde aquele momento, tomar a responsabilidade de Antioquia desamparada e fazer um ato de libertação contra as leis antiquadas, os costumes, o Califato Omayade e a corte bizantina, na época em que o Califa Hicham dava posse a um Patriarca jacobita e que o Imperador bizantino nomeava um Bispo e fazia depor outro.

O Imperador ou "Basiléios" era o supremo dirigente executivo no mundo cristão oriental e ocidental. Até o Papa pedia a ele a própria confirmação, para que as suas decisões pudessem ser executadas no domínio civil. Os Papas não conseguiram escapar a essa exigência humilhante até o final do século VII. Segundo o historiador Diehl: "Para chegar à pacificação com a Santa Sé, o imperador Constantino IV cancelou o tributo que se pagava até aquela época, para a confirmação da eleição papal".

SEDES DO PATRIARCADO MARONITA

Depois da invasão árabe, a cidade de Antioquia deixou de ser sede patriarcal, mas sem perder o título; a cidade de Constantinopla sofreria a mesma sorte, depois de sua queda em 1453, quando foi invadida e ocupada pelos turcos.

Dionísio de Tel-Mahré narra, em seus Anais, com data no século IX, que "os Maronitas faziam o que fazem hoje: ordenam um Patriarca e Bispos de seu convento".

O historiador árabe Almas'udi, descreve o mosteiro de São Maron nestes termos: "Maron tinha um grande convento que leva seu nome, no Este de Hama e de Chaizar, constituído por uma vasta construção rodeada de mais de trezentas celas onde moravam os monges. Esse convento possuía, em objetos de ouro, de prata e em pedras preciosas, riquezas consideráveis. Foi devastado com todas as celas que o contornavam, pelas incursões reiteradas dos beduínos e as violências do Sultão". Segundo o grande orientalista Sylvestre de Sacy, em seu livro "Les Prairies d'or" (Os Prados de ouro), esse Sultão chamava-se Seif-Eddaulat (944-967).

No século X, após a destruição do mosteiro de São Maron, localizado na Síria e considerado o berço da Igreja Maronita, a sede patriarcal foi transferida definitivamente para o Líbano. Segundo o Patriarca Estêvão Douaihi (grande historiador maronita), essa transferência aconteceu no ano 327 da Hégira (que corresponde ao ano 939 da era cristã) por João Maron II. A maioria absoluta do povo maronita vivia já nas montanhas do Líbano. Este povo foi formado pelos primeiros cristãos do litoral fenício-libanês, convertidos ao Cristianismo em virtude da pregação dos apóstolos e de seus discípulos, nos primeiros séculos do Cristianismo; pelos libaneses arameus da montanha libanesa convertidos do paganismo nos séculos V e VI, graças à pregação dos monges de São Maron; e, finalmente, pelos cristãos maronitas que emigraram da Síria, onde foram perseguidos por jacobitas anti-calcedonianos e por muçulmanos daquela região.

Destarte, os patriarcas maronitas precisaram estabelecer-se inicialmente no mosteiro de São Maron, perto de Apaméia, e depois, em 933, fixaram-se definitivamente no Líbano, onde suas residências foram sempre dedicadas à Santíssima Virgem: NOSSA SENHORA DE YANOUH (entre Kartaba e Akura, região de Biblos, onde residiram vinte e três Patriarcas; o mais importante deste grupo foi Jeremias Alamchiti), NOSSA SENHORA DE MAYFOUQ (ILIGE) (que foi sede de dez Patriarcas, sendo os mais importantes dentre eles o mártir Gebraiel de Hjula e Yuhanna Eljaji – esse último, depois de morar alguns anos no mosteiro de Maifuk, transferiu a sede patriarcal para Qannubim, em 1440), NOSSA SENHORA DE QANNOUBÍN (onde residiram vinte e cinco Patriarcas; o mais importante de todos eles foi Estêvão Douaihi), e, por fim, NOSSA SENHORA DE BERKE, sede dos últimos dez patriarcas maronitas. Parte considerável desses edifícios é dedicada à igreja, sinal da viva vida de oração de tais patriarcas e daqueles que lhes circundam.

PAPEL IMPORTANTE DO PATRIARCA MARONITA

Além de sistema filosófico e teológico, o maronismo foi igualmente um sistema social e nacional.

Depois do Concílio de Calcedônia, os mosteiros dos monges maronitas multiplicaram-se e o superior do mosteiro de São Maron tinha a primazia e exercia grande influência sobre todos os outros mosteiros. Esta jurisdição que desfrutava o superior do mosteiro de São Maron foi, a seguir, uma das prerrogativas do patriarca maronita, de modo que ele era o chefe supremo, tanto temporal quanto espiritual, de toda a Igreja Maronita.

Rodeada de regimes puramente teocráticos, tanto cristãos como muçulmanos, a Igreja Maronita logo erigiu-se em nação para poder sobreviver.

Também a montanha libanesa tornou-se o lugar ideal, geográfico por excelência para a jovem nação, onde o patriarca era ao mesmo tempo chefe civil e religioso, e ficou, até hoje, como chefe espiritual e líder nacional. Poderíamos mesmo afirmar que, se a Igreja Maronita pôde resistir e manter sua identidade, foi porque logo transformou-se de Igreja em Nação. Aí é que reside a alma maronita!

Foi a história a dar ao Patriarca maronita um papel muito importante nos domínios social, político e religioso. Dominique Chevallier reconhece que o papel do Patriarca Maronita tem aumentado muito "com a potência de sua Igreja e a população de sua comunidade. Chegou a ser o interlocutor respeitado das autoridades constituídas".

A história dos séculos passados nos dá vários testemunhos neste sentido. Informando-nos sobre a organização da justiça no Líbano na época de Fakhreddin II (1598-1635), Frei Eugene Roger disse do Grande Emir do Líbano: "Por razão do amor que testemunhava aos cristãos da Igreja Romana, não queria tomar conhecimento dos assuntos dos maronitas, deixando a seu Patriarca as diligencias de mantê-los em seu dever e de dirimir as suas desavenças". Segundo Frei Bernard, "O Patriarca maronita é a primeira autoridade moral do país, e tem na vida nacional um papel de primeiro plano".

Pelos concílios ou sínodos maronitas dos séculos XVI e XVII sabemos que o Patriarca foi considerado como o único chefe da Igreja Maronita. Porque não existia ainda delimitação das dioceses, os Bispos eram considerados como vigários e representantes do Patriarca. Alguns deles viviam na residência patriarcal e outros em mosteiros da montanha. Segundo Pierre Dib, a instituição do Patriarcado Maronita não foi seguida, logo, de uma organização eclesiástica. O Patriarca era e continuava sendo durante muito tempo o chefe de todo seu povo. Sem dúvida, à testa de certas aldeias e de certos vilarejos, mesmo de mosteiros, encontravam-se Bispos, mas não eram, estritamente falando, mais que representantes do Patriarca. Tal era ainda a situação no momento do Sínodo do Monte Líbano (1736).

Como a idéia religiosa tem presidido à constituição do povo maronita, de maneira natural, o Patriarca chegou a ser o seu centro de união e de adesão, ao mesmo tempo político e religioso. Este "estatuto" patriarcal tem sido reforçado por razão das perseguições que os maronitas suportaram.

Outro elemento de reforço se baseia nos direitos temporais que os árabes reconheceram aos chefes espirituais das comunidades cristãs, particularmente ao Patriarca Maronita de Antioquia e de todo Oriente.

Estas atribuições temporais de grande envergadura deram origem ao desenvolvimento de um gênero literário jurídico próprio aos orientais: os "nomocânones", que são obras de codificação onde está misturado ao direito canônico o direito civil. Estes nomocânones ampliam muito os direitos dos chefes religiosos, principalmente os do Patriarca. Tal prestígio faz com que a questão confessional e o problema nacional se identifiquem.

Isto é compreensível por aqueles que conhecem a situação político-religiosa dos maronitas no Líbano. Estes preferiam dirigir-se a seus chefes religiosos para resolver os seus conflitos, assim como todos os problemas eclesiásticos e civis.

A vida religiosa do povo maronita é assim ligada intimamente à sua vida política e nacional, de maneira que uma não pode ser explicada senão pela outra. Neste sentido, disse Ristelhueber: "Fortemente agrupados ao redor de seu clero e de seu Patriarca, os maronitas constituem logo um pequeno povo de uma essência muito particular. O vale sagrado de Kadicha escavado de celas de ermitãos, os cedros dos altos cumes, símbolo de sua vitalidade e de sua independência, e o mosteiro patriarcal de Cannobin, alcandorado como um ninho de águia, resumem toda a sua historia".

Essa "essência" muito peculiar do povo maronita lhe dava, pela pessoa do Patriarca e dos Bispos, uma independência e uma liberdade de ação que as outras comunidades cristãs do Oriente não possuíam.

Mesmo durante a dominação otomana, entre as autoridades religiosas, somente os Patriarcas e os Bispos maronitas não tinham a obrigação de pedir o "firmã", isto é o diploma de reconhecimento oficial de investidura dado pela Sublime Porta em Istambul. Somente tiveram que aceitar este maldito "firmã" por curto prazo, durante um ano da Primeira Guerra Mundial.

Convém lembrar que o Monte Líbano gozava de um estatuto de autonomia sob o império otomano, antes de existir um Estado Libanês presidido por um maronita. Naquela época, esses direitos faziam do Patriarca o único recurso dos maronitas e seu único representante a nível internacional.

A força e o poder do Patriarcado maronita explicam, em parte, as razões pelas quais a comunidade maronita tem resistido ao longo dos séculos, aos invasores e aos ocupantes.

Esse poder que encontra essencialmente sua fonte na união ao redor do Patriarca foi reforçado particularmente pelos Cruzados, pela amizade secular com a França e a ajuda decidida do Vaticano cujas relações com os maronitas foram sempre indefectíveis.

Do ponto de vista histórico, a simbiose entre o espiritual e o temporal na comunidade maronita, tem consolidado, através de todos os séculos, a pluridimensionalidade do Patriarcado Maronita. Os historiadores estão de acordo que o

Líbano atual, o Grande Líbano de 1920, como também o Monte Líbano das estruturas sucessivas dos tempos dos bizantinos, dos árabes, dos mamelucos, dos turcos não teria jamais existido sem os maronitas cujo chefe é precisamente o Patriarca.

Por isso também o Patriarcado, em todas as fases da história da nação maronita, aparece como a instituição mais permanente do maronismo, não só como chefe religioso e civil, mas – muito acima da sua atuação como chefe – como grande reserva moral, como voz dos sem-voz, com encarnação de uma nação e dos seus valores primordiais.

Assim, destaca-se o papel do atual Patriarca, Cardeal Beshara Raï – como foi de destaque o do seu antecessor, Cardeal Nasrallah Sfeir – particularmente na difícil etapa que o Líbano atravessa.

Os outros chefes religiosos não podem basear-se na historia para reforçar a sua autoridade política. Falam atualmente de participação, e procuram dar-se maior importância no domínio político, pela força das armas. Isto é um verdadeiro triunfalismo político-religioso. É um corolário do confessionalismo. Como assinala Selim Abou, tudo, até a disputa do bilingüismo, encontra as suas raízes no confessionalismo religioso.

Este papel político–religioso dos chefes das comunidades religiosas é ao mesmo tempo resultante da historia e da infra-estrutura do país. Os acontecimentos desenvolveram-se de tal forma que a Igreja maronita foi quase sempre o baluarte do patriotismo contra os conquistadores sucessivos, e o patriarca maronita como "defensor civitatis".

A influência do Patriarcado na vida nacional manifestou-se de forma positiva, notadamente no fim da Primeira Guerra Mundial, quando o Patriarca Maronita Elias Hoyek foi à França, em nome de toda a população libanesa, para reclamar, diante da Conferência da Paz em Versailles, a independência do país e a formação do Grande Líbano.

Antes de fechar esta parte de nosso estudo, devemos sublinhar o seguinte: os maronitas, enquanto defensores encarniçados da doutrina da Igreja universal desde o século V até nossos dias, e enquanto apóstolos e propagadores da verdadeira noção doutrinária relativa à natureza de Jesus Cristo, verdadeiro Deus e verdadeiro homem – em outras palavras, da universalidade da encarnação redentora de Jesus Cristo – sendo assim universalistas, poderiam ser isolacionistas, como nunca se deixou de repetir, sobretudo nos últimos anos? Não poderiam e não deveriam ser isolacionistas ou segregacionistas! São, como deve ser todo cristão, abertos a tudo o que se refere à espécie humana, e sensíveis a tudo o que se refere à humanidade! Os primeiros maronitas, fiéis à doutrina calcedoniana, morreram para defender a universalidade da Redenção e da religião cristã, e seus descendentes nunca poderiam ser diferentes.

Os maronitas de nossos tempos se mostraram muito apegados à terra de seus ancestrais, o que é normal e muito humano, mas este apego não alienou o maronismo, cujo universalismo é uma de suas qualidades. Este universalismo, repetimos, deve-se à sua adesão à fórmula calcedoniana.

CAPÍTULO V

OS MARONITAS NO MUNDO

Estabelecidos no Monte Líbano os maronitas espalharam-se em todas as direções. Dos cumes das montanhas, eles não tardaram a invadir as cidades e todo o litoral fenício ou libanês.

O maronita, por sua natureza, é um homem que ama apaixonadamente a liberdade e não teme a aventura. Não receou embarcar e viajar pelo mundo, em busca de vida digna e tranquila. Porém, se bem que emigre e viaje, deslocando-se de um país para outro, o maronita, em geral, não esquece sua terra natal e guarda viva em seu coração a saudade do Líbano, seu berço natal, sua Pátria Mãe.

É difícil apresentar, neste resumo histórico, um estudo detalhado da difusão dos Maronitas pelo mundo. Vamos nos contentar em dizer que a primeira emigração maronita, no sentido lato do termo, ocorreu no fim do século XIII, quando se dirigiram para a ilha de Chipre, depois da derrota dos Cruzados. Em seguida, e sobretudo em consequência do genocídio de 1860 e da Primeira Guerra Mundial (1914 – 1918), os Maronitas espalharam-se pelos cinco continentes. Por isso se diz que o sol nunca se põe sobre a casa libanesa!

Convém indagar: por que o libanês maronita emigra? Em princípio, ele emigra porque gosta de viajar. Seguindo o exemplo de seus ancestrais, ele é sempre atraído pelo mar. De fato, os fenícios, antepassados dos libaneses, chegaram até o Brasil dois mil anos antes de Pedro Álvares Cabral, pois é sabido que no Rio de Janeiro, mais precisamente na Pedra da Gávea, encontra-se esta inscrição: "Somos Filhos de Canaã, de Sidon (Líbano), a cidade do rei. O comércio nos trouxe a esta distante praia, uma terra de montanhas. Sacrificamos um jovem aos deuses e deusas exaltados no ano 19 de Riram, nosso poderoso rei. Embarcamos em Ezion-Geber, no mar Vermelho, e viajamos com dez navios. Permanecemos no, mar por dois anos, em volta da terra que pertence a Ham (África), mas fomos separados por uma tempestade e nos afastamos de nossos companheiros e assim aportamos aqui, doze homens e três mulheres. Numa nova praia, que eu, o almirante, controlo. Mas auspiciosamente possam os exaltados deuses e deusas intercederem em nosso favor". A origem fenícia desta inscrição foi confirmada pelos grandes especialistas das escritas fenícias.

Por outro lado, o libanês maronita deixa seu país porque se recusa a ser humilhado e oprimido, pois ama apaixonadamente a liberdade.

O libanês emigra também, em ocasiões onde a situação econômica do país se torna difícil. Graças a Deus, no mundo inteiro, os maronitas libaneses brilham em todos os níveis: cultural, político, econômico e social.

No plano financeiro, cultural e político, as comunidades maronitas do novo mundo têm um papel crescente. Várias eparquias foram eretas nos anos 1990. O inglês se torna a língua comum; estas comunidades são influentes junto aos governos norte-americanos; elas financiam no Líbano escolas, universidades e associações diversas. A partir deste ponto de vista, podemos fazer um paralelo em oposição entre as comunidades cristãs e as comunidades muçulmanas, cujos membros na diáspora estão longe de representar e desempenhar nos nossos dias um peso cultural e político da mesma amplidão daquele dos cristãos.

Encontramos na estruturação da comunidade maronita na diáspora uma estratificação histórica.

Alguns poderiam crer que a nação maronita, por sua difusão pelo mundo, dividiu-se em várias igrejas locais, mas não é assim; na realidade, a nação maronita continua sempre, como foi, uma só e a mesma Igreja Antioquena, cujo centro se encontra no Líbano.

Recentemente, foram estabelecidas dioceses (eparquias) maronitas no estrangeiro, a saber: a diocese de NOSSA SENHORA DO LIBANO no Brasil, cuja sede está em São Paulo, desde 1962, a diocese de São Maron em Nova York, USA (1966), a de São Maron em Sydney, Austrália (1973), a de São Maron em Montreal, Canadá (1982), a de São Charbel em Buenos Aires, Argentina (1990), a de Nossa Senhora do Líbano em Los Angeles, USA (1994), a de Nossa Senhora dos Mártires Maronitas Libaneses no México (1995), a de Nossa Senhora do Líbano de Paris (2012, com jurisdição ordinária sobre toda a Europa) além das dioceses que foram estabeleci das no Oriente Médio, desde o início do maronismo: em Alepo (Síria), no Cairo (Egito), em Lataquiéh (Síria), em Damasco (Síria), em Nicosia (Chipre), e recentemente a diocese de Haifa e da Terra Santa em Israel (1996), além dos Vicariatos patriarcais: em Jerusalém, Paris, Palestina e Jordânia, e da Visitação Apostólica na Europa Ocidental e Setentrional (1993). Todavia, os Maronitas, tanto no Líbano quanto no estrangeiro, formam uma só e a mesma Igreja; seu chefe supremo é o Patriarca; seu centro é Bkerke; sua liturgia é aramaico-antioquena. A sua liturgia vem de Jerusalém através de Antioquia, a língua litúrgica da Igreja Maronita é o aramaico, a língua falada por Jesus Cristo, Maria Santíssima e os apóstolos.

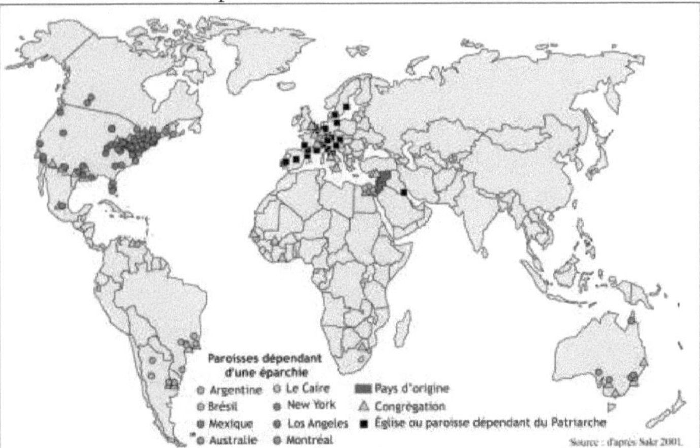

Uma vez espalhados pelo mundo, os Maronitas formaram Colônias e Ligas no país em que se encontrassem. Depois, deram-se conta que deviam se reunir em sua dispersão. Surgiu, então, a ideia de construir uma união mundial. Esta idéia tomou corpo no México, quando a Missão Libanesa Maronita, secundada pela Liga Maronita Mexicana, lançou a convocação para um Congresso: O primeiro da União Maronita Mundial, que foi realizado no dia 22 de fevereiro de 1979 na cidade do México, e durou três dias. Infelizmente, a União Maronita Mundial deixou de existir em 1985.

Em 1994 foi lançado, em Los Angeles (USA), sob o patrocínio do Patriarca Maronita, Nasrallah-Pedro Sfeir, o Primeiro Congresso Maronita Mundial, com a presença de oito bispos Maronitas do mundo inteiro. Em abril de 1997, realizou-se o

Segundo Congresso Maronita Mundial, em Sydney (Austrália). No momento, este Congresso é o único movimento Maronita que existe, em nível mundial.

Os maronitas têm especialmente prosperado desde o Concílio Vaticano II, e agora são a terceira maior Igreja Oriental Católica, totalizando cerca de 3.300.000 fiéis no Líbano e em todo o mundo, incluindo paróquias na Argentina, Austrália, Brasil, Canadá, Chipre, México e Estados Unidos, onde se encontra o Seminário Maronita Nossa Senhora do Líbano em Washington, DC, fundado em 1961, que atende às necessidades de formação do clero maronita nos Estados Unidos.

CAPÍTULO VI

OS MARONITAS NO BRASIL

Os libaneses e seus descendentes no Brasil são, agora, quase nove milhões (9.000.000); a maioria deles é composta por maronitas, sobretudo da Montanha Libanesa.

Eles chegaram de todas as partes do país: Miziara, Becharré, Ehden, Bchehle, Beit Mery, Hsaratban, Baskinta, Mansurieh, Kfifane, Ghazir, 'Ibadat, Qa'el-Rim, Kfar'Aqa, 'Amchit, Dar-B'chtar, Assia, Hasbaia, Jounieh, Jbeil, Jezzine, Kfour-El-Arbe, Zahle, Chartoun, Ba'abda, Qornet-el-Hamra, Hilta, Trípoli, Saida, Sgarta, etc.

Sabemos que, entre 1880 e 1905, chegaram ao Brasil cerca de 68.000 (sessenta e oito mil) libaneses que se espalharam por todo o país. A vida deles, no início, era dura e árdua. A maioria desconhecia o idioma e os costumes deste país, e tampouco possuíam algum capital. Mas, trabalhando, não tardaram a assegurar uma vida digna para suas famílias. Alguns voltaram para o Líbano com uma certa quantia de dinheiro, outros faleceram no Brasil, sem deixar vestígios. Outros ainda aqui se radicaram, constituíram família e prosperaram em suas iniciativas.

A título de ilustração e avaliando a importância destacada da colônia maronita no Brasil, mencionamos as primeiras obras, associações e manifestações sócio-culturais, surgidas em função desta presença tão marcante, em conformidade com o Jornal "A ESPHINGE" (ABOU-L-HAWL).

O primeiro emigrante libanês maronita que pisou a Terra da Santa Cruz, do qual se tem notícia certa, foi Youssef Moussa de Miziara, em 1880. Todavia, se diz também que o maronita Philipe Ghanem, de Haitoura-Jezzine, chegou à Bahia, entre 1855/1860, e os gaúchos referem-se a um Creidy, chegado em 1861.

Quanto ao clero, o Pe. Mikhail El-Achi de Becharré foi o primeiro sacerdote a chegar a esta terra, falecendo e sendo sepultado aqui.

Boutros El-Andari de Kfour-El-Arbe, veio ao Brasil como leigo; passados alguns anos, retornou ao Líbano, onde ordenou-se padre e pediu para exercer seu ministério no Brasil. Aqui chegando, foi-lhe concedido o direito de também celebrar a Missa no Rito Latino, devido à sua dedicação e empenho.

O Pe. Elias El-Ghorayebe, sacerdote maronita, foi ordenado no Brasil e recebeu autorização especial, para, à semelhança dos padres latinos, fazer a barba. Foi Pároco da Paróquia de Nossa Senhora do Líbano do Rio de Janeiro (tendo como cooperador o Pe. José Vicente Hani) e Vigário Geral do Ordinariato dos Católicos de Ritos Orientais do Brasil na época de D. Jaime de Barros Câmara, o primeiro Ordinário para os orientais católicos no Brasil.

Tal Ordinariato foi criado por decreto *Cum fiedlium* da Sagrada Congregação para a Igreja Oriental aos 14 de novembro de 1951, mas entrou em vigor a partir da Páscoa do ano seguinte.

O Pe. Yacoub Saliba foi o primeiro Pároco maronita de São Paulo. Infelizmente, encontramos na história da emigração libanesa pouquíssimas informações a respeito deste padre tão importante e de memória tão querida para todos nós.

Não sabemos ao certo a data de sua chegada ao Brasil, mas supõe-se que tenha sido por volta de 1890, pois nesta década já temos registros formais de suas grandes obras. Sabemos com certeza que era oriundo de Miziara e que fora Pároco nessa cidade.

Em 1905, o Pe. Yacoub Saliba cria a primeira escola para crianças libanesas, brasileiras e de todas as raças, tornando-se, em pouco tempo, famosa e conhecida como a ESCOLA DO PADRE YACOUB SALIBA.

A SOCIEDADE MARONITA DE BENEFICÊNCIA, de São Paulo, foi fundada por ele aos 9 de fevereiro de 1897; Festa de São Maron, e é um grande marco na história da maronidade nacional. Foi a primeira do gênero, fundada na então casa paroquial de São Paulo, para ajudar os libaneses que se encontravam sem recursos. Naquele dia, a coleta foi de QUINHENTAS LIBRAS INGLESAS (500.000).

Em seguida, esta sociedade construiu uma igreja maronita e publicou o jornal "AL-MANARAT", e fundou uma escola para ensinar as crianças de todas as raças e confissões. Esta escola ficou conhecida como "ESCOLA DO PADRE YACOUB".

Ele também foi o grande responsável pela gravação dos primeiros cânticos religiosos.

Atualmente, tudo que possuímos do Pe. Saliba é este retrato. Ao fixar nosso olhar neste retrato, vemos um semblante tranquilo e austero. Um olhar meigo, doce e profundo, característico dos grandes homens, dos homens que não temem o futuro, pois sabem que o futuro nada mais é do que fruto de suas labutas diárias e de suas vitórias com Cristo.

O doce e severo olhar, concomitante, do Pe. Yacoub Saliba dá-nos a certeza de seu comportamento incomparável e ímpar no trato com as pessoas; carinhoso e meigo com o ser humano, independentemente de sua idade ou condição social, e severo e austero, quando necessário.

As obras que o Pe. Yacoub Saliba nos deixou constituem prova autêntica da amplidão do seu horizonte, pois apenas os grandes homens pensam e agem com grandeza.

Construir uma escola é ter os olhos e os sentimentos voltados para o futuro e para a boa formação do ser humano.

Formar uma Sociedade é muito mais do que ter um espaço físico para se encontrar com os amigos; formar uma sociedade é o princípio sólido de uma vida cristã autêntica, onde todos os membros dão-se as mãos, num gesto de carinho, de amizade, e onde também possam repartir o pão e sentir a alegria de ser cristão e viver como tal.

Mas, mesmo ocupado com seu rebanho em São Paulo, o Pe. Saliba não se esqueceu dos que deixara na sua terra natal. De fato, com imenso afinco recolheu entre os habitantes de Miziara vindos para o Brasil donativos para a construção da igreja matriz de Miziara (dedicada a Nossa Senhora) e tal foi a generosidade dos patrícios que a templo de Miziara se ergueu majestoso e continua a dar seu testemunho de fé e de generosidade para as novas gerações.

O Pe. Yacoub Saliba faleceu em São Paulo, no dia 3 de abril de 1929, e seus restos mortais repousam no Cemitério da Consolação, na mesma cidade.

Que Deus ilumine a sua alma e nos faça seguidores de seu exemplo!

Em 1997, com a presença de sua Eminência e Beatitude Nasrallah-Pedro Sfeir, Patriarca Maronita de Antioquia e de todo o Oriente, de Dom Joseph Mahfouz, então Bispo Maronita do Brasil, e do Sr. Antonio Chahine, Presidente da Sociedade Maronita de Beneficência de São Paulo na época, celebrou-se o I CENTENÁRIO de sua fundação, em fevereiro, no dia de São Maron.

Que Deus conceda ao Pe. Yacoub Saliba e aos membros já falecidos desta Sociedade o repouso eterno e aos seus atuais membros a lucidez, coragem e espírito de serviço que iluminou seu fundador!

Sucedeu ao Pe. Saliba como Pároco em São Paulo o Pe. Antônio Jubair, filho de libaneses nascido na Bahia. Ainda criança voltou com a família ao Líbano e voltou ao Brasil já ordenado sacerdote. Foi o iniciador da Paróquia de Nossa Senhora do Líbano de Porto Alegre. Posteriormente, foi feito Monsenhor e administrador do Exarcado quando da transferência de D. Zayek para os Estados Unidos e antes da posse de D. Chedid (de 1966 a 1968). Mais tarde ainda foi feito bispo de Trípoli, no território patriarcal.

A Eparquia Maronita do Brasil

A palavra "Eparquia" corresponde ao termo "Diocese" e ambos referem-se uma circunscrição eclesiástica autônoma canonicamente ereta, com território, clero e povo fiel sob a égide de um bispo eparquial ou diocesano em plena comunhão com a Sé de Roma, na Igreja Católica.

A Eparquia Maronita do Brasil foi ereta canonicamente por meio da Constituição Apostólica *Quod providente*, de 29 de novembro de 1971, do Papa Paulo VI e tem a sua sede em São Paulo, onde está a sua Catedral dedicada a Nossa Senhora do Líbano. É uma circunscrição eclesiástica da Igreja Maronita, uma das vinte e duas Igrejas *sui juris* da Igreja Católica. Seu território compreende toda a extensão do Brasil; por isso o Bispo ou Eparca maronita tem jurisdição eclesiástica sobre todo o país, no que tange o rebanho maronita.

Antes da ereção da Eparquia os maronitas do Brasil estavam sujeitos ao Arcebispo do Rio de Janeiro, que era o Ordinário para todos os orientais católicos no Brasil.

O primeiro bispo maronita no Brasil foi Dom Francis Mansour Zayek. Eleito no dia 30 de maio de 1962, foi sagrado bispo no dia 5 de agosto de 1962. Foi o primeiro bispo nomeado para a diáspora, fora do Patriarcado maronita no Oriente Médio. Chegou ao Brasil como exarca (bispo titular de Callinicum dos Maronitas), tomou posse estabelecendo sua sede em São Paulo.

No dia 10 de março de 1966 foi transferido para os Estados Unidos da América (Eparquia de S. Marum de Detroit, primeiramente, e do Brooklyn, em seguida, como arcebispo) e nomeou como vigário-geral o Mons. Antônio Joubeir, que administrou o exarcado até a chegada do novo bispo, Dom João Chedid, OMM, em 1968.

Dom João Chedid já era bispo (titular de Arca in Phoenicia dos Maronitas) e exercia a função de vigário-geral do Patriarca maronita no Líbano. Sua nomeação como bispo do Brasil aconteceu no dia 1° de março de 1968. Estes dois bispos, Zayek e Chedid, foram exarcas, isto é, bispos auxiliares maronitas do Ordinário dos orientais católicos no Brasil, que naquela altura era o arcebispo do Rio de Janeiro.

No dia 29 de novembro de 1971, o exarcado maronita do Brasil foi erigido em eparquia, ou seja, diocese autônoma. Nestas condições o bispo ou eparca é titular e o ordinário da diocese.

Dom João Chedid renunciou em 1990 por motivo de idade avançada e estado precário de saúde, vindo a falecer no Líbano no dia 31 de julho de 1991. Dom Zayek, após cumprir seu ministério como bispo, tornou-se emérito e veio a falecer nos Estados Unidos (14 de setembro de 2010).

O terceiro bispo maronita do Brasil foi Dom Joseph Mahfouz, eleito para essa Eparquia no dia 9 de junho de 1990 e ordenado no dia 12 de agosto de 1990, no Patriarcado do Líbano pelo então Patriarca Nasrallah-Pedro Sfeir. Nascido em Ghadir, em 20 de fevereiro de 1932, depois de vários anos de serviço à sua Ordem (Ordem Libanesa Maronita) e ao Patriarcado como professor, canonista e postulador, chegou ao Brasil no dia 6 de outubro de 1990, tomando posse no dia 21 do mesmo mês. Completou dezesseis anos à frente do Arcebispado Maronita do Brasil, com grande zelo e dedicação, aposentando-se ao completar 75 anos de idade em dezembro de 2006 e retornando ao Líbano, onde faleceu aos 25 de agosto de 2010.

O quarto bispo maronita do Brasil é Dom Edgard Amine Madi que assumiu oficialmente os encargos do mais alto posto maronita no Brasil no dia 10 de dezembro de 2006.

Nascido em Beit Mery aos 22 de abril de 1956, foi ordenado sacerdote no dia 14 de agosto de 1983, mudando-se para Boston nos Estados Unidos onde se especializou em Educação entre 1988 e 1991. Ao retornar para Universidade Kaslik, obteve o Doutorado em Filosofia da Educação em 2001.

Durante o seu período como sacerdote do clero de Beirute ocupou os seguintes cargos: de 1983 a 1984 foi secretário do Bispado Maronita em Beirute; assistente na Paróquia Mar Mikhael em Beirute e na Igreja Latina em Boston de 1988 a 1991; padre na Paróquia Santa Tereza em Mansurieh, no Líbano, entre 1984 e 1988; diretor de escola High School por cinco anos e Supervisor de Estudos durante dez anos; é estudioso do Diálogo entre as Religiões, principalmente entre as religiões Cristã e Islâmica.

Dom Edgard Madi foi ordenado Bispo Maronita do Brasil no dia 26 de novembro de 2006 em Bkerke, sede do Patriarcado Maronita no Líbano, pelo Cardeal Nasrallah-Pedro Sfeir. A posse da Sé da Eparquia Maronita em São Paulo contou com a presença de Dom Boulos Mattar, bispo maronita de Beirute, e Dom Emilio Boulos Saadé, bispo maronita de Batroun, além de todo o clero da Eparquia e de grande multidão de fiéis.

As Paróquias Maronitas do Brasil

A Paróquia é uma circunscrição eclesiástica territorial ou pessoal confiada a um Pároco como seu pastor próprio e que compreende uma comunidade de fiéis e um território definidos no seu decreto de ereção pelo bispo da Diocese ou Eparquia à qual pertence.

As Paróquias maronitas no Brasil são os centros difusores da vida, da liturgia e da espiritualidade maronitas e compreendem territorialmente todo o município no qual são eretas e, de per si, devem atender às necessidades pastorais dos fiéis maronitas. Como, porém, são paróquias católicas, também costumam atender às necessidades dos demais fiéis católicos, ainda que sejam de outro rito, respeitados os limites impostos pela legislação canônica. Muitas vezes ainda atendem a outros fiéis orientais não-católicos que buscam no seu seio suas raízes orientais cristãs e se sentem, assim, próximos da terra de origem e da própria experiência de fé, mais do que nas igrejas católicas latinas.

Como há maronitas espalhados por todo o território nacional, é prerrogativa do Bispo maronita do Brasil erigir paróquias onde ele veja a necessidade ou a oportunidade para poder atender pastoralmente o seu rebanho. Isso faz com que, num mesmo território, possa haver Paróquias de rito romano ou latino e uma Paróquia de rito maronita. É o que acontece no Brasil.

Uma cidade como São Paulo, com centenas de Paróquias latinas, tem uma só Paróquia maronita cujo território coexiste com os territórios de todas as Paróquias latinas. Não se trata de uma "invasão" e sim de uma coexistência ritual absolutamente normal, já que a Paróquia maronita deve atender os fiéis maronitas que habitam por toda a cidade, enquanto as Paróquias latinas devem atender os fiéis de rito latino ou romano.

Apresentaremos agora em ordem cronológica as atuais paróquias da Eparquia Maronita do Brasil com um resumo de seus históricos, endereços e telefones, querendo assim prestar um serviço aos maronitas e demais católicos, bem como perpetuar a memória daqueles que colaboraram para a extensão da Casa de São Maron no Brasil, bem como daqueles que hoje se empenham por mantê-la viva e atuante.

Inicialmente as Paróquias maronitas foram eretas exclusivamente nas capitais estaduais, a começar pela de São Paulo, que foi a primeira do Brasil.

Posteriormente, a partir de 1997, começaram também a ser eretas no interior, com a de Bauru, SP, sendo a pioneira. Aliás, todas as paróquias maronitas que existem atualmente no interior do Brasil estão no Estado de São Paulo (Bauru, Campinas, São José do Rio Preto, Guarulhos, Piracicaba e Suzano), que é o Estado da federação que conta com o maior número delas. O Distrito Federal, Rio de Janeiro, Rio Grande do Sul e Minas Gerais têm apenas uma, nas suas respectivas capitais.

Antes, porém, de iniciarmos o elenco anunciado é nosso dever dizer que três paróquias maronitas, por motivos vários, foram eretas e, posteriormente, extintas: a Paróquia de São Maron de Goiânia, GO, (ereta e extinta duas vezes); a Paróquia de Nossa Senhora do Líbano de Salvador (BA) e a Paróquia de São Charbel de Brasília, DF (extinta uma vez e re-ereta).

Segue agora o elenco das Paróquias maronitas brasileiras em atividade, com os traços gerais da sua história, por ordem cronológica de ereção canônica.

Catedral de Nossa Senhora do Líbano de São Paulo
Rua Tamandaré, 355 – Liberdade
01525-001 São Paulo – SP
Telefone: (11) 3208.2904 - Fax (11) 3208.6536

A Paróquia de Nossa Senhora do Líbano de São Paulo foi a primeira paróquia maronita do Brasil. O primeiro pároco foi o Pe. Yacoub Saliba que veio de Miziara, norte do Líbano, e chegou a São Paulo no início dos anos de 1890.

Até que fosse edificada a primeira igreja, os maronitas de São Paulo alugavam dos franciscanos, aos domingos, a igreja do Convento de S. Francisco, no largo do mesmo nome, para a celebração da Santa Missa.

Após muitas iniciativas em prol da construção de igreja, esta foi edificada no atual Parque Dom Pedro; posteriormente foi desapropriada e demolida pela prefeitura da capital por motivos de urbanismo.

Após a morte do Pe. Yacoub, no dia 3 de abril de 1929, e a destruição da primeira igreja maronita em São Paulo, os maronitas desta cidade ficaram sem pároco ou pastor até a chegada, vindo do Líbano em 1946, do Pe. Antônio Joubeir, sacerdote diocesano de Trípoli. Pe. Antônio Joubeir era brasileiro, nascido no estado da Bahia; foi criado no Líbano, onde foi ordenado sacerdote em 1942. Nomeado Pároco dos maronitas em São Paulo, o Pe. Antônio Joubeir, não tinha uma igreja paroquial, mas apesar disso, era muito dinâmico e fazia o serviço ministerial para os maronitas de São Paulo na igreja co Convento de São Francisco, sita no Largo de mesmo nome.

Em 1954 chegaram ao Brasil, procedentes do Líbano, a pedido da Santa Sé, três padres da Ordem Libanesa Maronita: Basílio Azar, Francisco Nasr e Bernardo Azzi, para exercerem o serviço paroquial em São Paulo. Aos três padres, juntou-se posteriormente o Pe. Simon Awad, e ficaram responsáveis pela paróquia até 1968. Durante esse tempo foi construída a atual Igreja Nossa Senhora do Líbano, na R. Tamandaré, 355, que veio a se tornar Catedral quando da ereção da Eparquia.

Ao chegar ao Brasil, Dom Francis Zayek escolheu esta igreja para ser sua Catedral. Este foi o primeiro bispo maronita no Brasil, mas era exarca, ou seja, auxiliar do Ordinário para os orientais católicos.

Em 1968, ao chegar a São Paulo, Dom João Chedid – o segundo bispo maronita – retirou a paróquia das mãos dos padres da Ordem Libanesa Maronita e chamou os padres do seu Instituto, a Ordem Mariamita (ex Alepina). Trouxe consigo o Pe. Antônio Sadaka, OMM, que foi Pároco da Catedral por vários anos. Este foi um período de grande atividade pastoral, onde patrícios e moradores dos arredores da Catedral se integravam harmoniosamente. A Catedral era muito procurada por todos para a celebração de batizados, casamentos e havia grandes turmas de primeiras comunhões. Diga-se de passagem, que o bairro onde se localiza a Catedral (divisa da Liberdade com a Aclimação) era habitado na época por muitas famílias, o que já não acontece hoje.

Em 1990, chegando a São Paulo, Dom Joseph Mahfouz foi avisado de que os padres mariamitas foram transferidos do Brasil; chamou então novamente os padres da sua Ordem Libanesa Maronita ao Brasil, que já possuíam uma missão em Campinas, SP, onde o Pe. Francisco Nasr atendia os patrícios ali residentes e havia construído um convento (São Matinho de Lima) e um santuário dedicado a São Charbel, cuja canonização ocorrera no dia 9 de outubro de 1977.

A partir do ano 2000, os padres da Ordem Maronita Libanesa não prestaram mais serviços paroquiais em São Paulo e, desde então, começaram os sacerdotes diocesanos de Jbeil (Byblos) a virem aqui, mandados pelo então Arcebispo Dom Bechara El-Raï, atual Patriarca. De 2001 até 2004 serviu o Pe. Jean-Pierre El-Khoury, ao qual se seguiu o Pe Michel Sakr, sucedido pelo Pe. Elias Karam que é o atual Pároco.

Desde a posse de Dom Edgard Madi, no dia 10 de dezembro de 2006, foram acrescentadas as presenças do Pe Emile Eddé, MLM e do Pe. Sleiman Eid, OLM na Catedral Maronita por um longo lapso de tempo, voltando depois esses religiosos aos seus respectivos conventos aqui no Brasil.

Atualmente, servem os fiéis maronitas de São Paulo o Pe. Elias Karam (Pároco), o Pe. Carlos Pereyra e o Pe. Marc Khoury Hanna.

Para a visita do atual Patriarca, a Catedral de Nossa Senhora do Líbano (edificada em 1964) sofreu uma significativa reforma que a reestruturou completamente, incluindo, a partir de então, obras do artista plástico libanês Tannous Farah, de artesãos libaneses e o revestimento interno feito inteiramente com pedras vindas do Líbano.

Paróquia de Nossa Senhora do Líbano do Rio de Janeiro
Rua Conde de Bonfim, 638 – Tijuca
20520-055 – Rio de Janeiro – RJ
Telefones: (21) 2208.4846 e 8373.3949

Convidados pelo Cardeal Dom Sebastião Leme, os padres missionários libaneses maronitas, Pe. Elias Ghorayeb e o Pe. Gabriele Zaidan, chegaram ao Rio de Janeiro em 19 de Junho de 1891. No início celebravam a Santa Missa na igreja de Santa Efigênia e começaram a visitar os patrícios nos estados do Rio de Janeiro, Minas Gerais, São Paulo e Espírito Santo. Em 1932 adquiriram uma casa na Rua Conde de Bonfim (Tijuca) e neste mesmo ano a eles juntou-se outro companheiro, o Pe. Joseph El-Hani.

Desde sua chegada ao Rio de Janeiro, os padres missionários sentiam a necessidade de uma Paróquia para que pudessem exercer o apostolado entre os fiéis de rito Maronita. Esta preocupação era compartilhada também pelo Cardeal Dom Leme. Várias dificuldades de força maior impediram a realização deste projeto.

Parece que a Providência Divina reservou a criação desta obra para a alma empreendedora do Cardeal Dom Jaime de Barros Câmara que criou através de um decreto datado de 3 de maio de 1946, a paróquia maronita Nossa Senhora do Líbano, concordando assim com as intenções e os desejos da Santa Sé que prodigalizou a esta obra grande benevolência. A partir desta data, a única preocupação dos missionários foi reunir a comunidade maronita, atender suas necessidades espirituais e planejar a construção da nova igreja. Pouco a pouco, a nova paróquia tornou-se um lugar de encontro de toda a coletividade libanesa assim como para muitos tijucanos.

Em 18 de novembro de 1951, na presença do Cardeal Câmara e do presidente Getúlio Vargas, colocou-se a pedra fundamental do novo templo dedicado a Nossa Senhora do Líbano.

Em 1960 completou-se a obra da construção de uma igreja linda, ampla e acolhedora. O sonho do cardeal, dos missionários e da comunidade libanesa tornou-se realidade. Era o momento esperado para iniciar a caminhada de grandes realizações no campo pastoral e apostólico, como: administração dos sacramentos, movimentos católicos, obras sociais, e sociedades beneficentes... Após este panorama histórico resumido, apresentaremos ao leitor uma imagem atual da Paróquia Nossa Senhora do Líbano.

Seguindo e continuando a trajetória dos fundadores, os padres sucessores procuraram sempre assumir seus compromissos com a Igreja de Cristo: servir a Deus e ao próximo. A equipe sacerdotal não poupa tempo nem mede esforços para manter vivo e permanente o contato fraterno com a comunidade libanesa em geral e a maronita em particular, sem esquecer o engajamento pastoral e espiritual com os tijucanos.

Desde a sua ereção canônica esta paróquia está confiada aos Missionários Libaneses Maronitas. Atualmente Pe. Roger Emile Barakat é o Superior da Missão Libanesa

Maronita do Brasil e Pároco da Igreja de Nossa Senhora do Líbano, auxiliado pelos seus confrades de Instituto.

Durante algum tempo, por interesse e atividade do Pe. Emile Eddé, MLM, foi publicado o boletim "A Missão", impresso; durante sua nova permanência no Brasil, o mesmo padre cuidou da publicação digital do boletim "A Nova Missão", que procurou retomar o antigo boletim após vários anos de inatividade. Com o seu retorno ao Líbano a edição do boletim foi novamente interrompida.

Paróquia de Nossa Senhora do Líbano de Porto Alegre

Avenida Jerônimo Ornelas, 60
90040-343 – Porto Alegre – RS
Telefone: (51) 3223.4446
Telefones do Pároco: (51) 3223.3843 e 9913.0204

A Paróquia maronita de Porto Alegre foi a terceira ereta no Brasil, criada em 8 de agosto de 1961 por decreto de Dom Jaime Câmara, então arcebispo do Rio de Janeiro e Ordinário dos Orientais no Brasil. O decreto foi publicado em Porto Alegre no dia 10 de setembro do mesmo ano por Dom Vicente Scherer, arcebispo de Porto Alegre à época.

A solene instalação da paróquia realizou-se no dia 17 de setembro, na capela do Divino Espírito Santo, tomando posse o primeiro pároco, o Pe. Antônio Joubeir. No dia 12 de outubro de 1961 deu-se à nova paróquia o título de "Nossa Senhora do Líbano", dia esse considerado como aniversário paroquial.

No dia 23 de abril de 1963, às 16:30 horas, na Av. Jerônimo de Ornelas, 60, foi batida a primeira estaca da atual igreja, abençoada por Dom Francisco Zayek, bispo exarca maronita do Brasil.

No dia 15 de agosto de 1964, estando já a construção com o seu telhado, e com o contrapiso prontos, Mons. Antônio Joubeir nela celebrou a primeira missa no rito Latino, atendendo o desejo dos vizinhos.

No dia 24 de março de 1966 chegou o Pe. Rosendo Atik para ser vigário cooperador de Mons. Antônio Joubeir. Partindo este para Roma no começo do ano de 1969, o Padre Rosendo tornou-se pároco, função que exerceu até fins de 1980.

Durante o ano de 1981 até junho de 1982, a paróquia foi atendida pelo Mons. Celestino Rubem Neis.

No dia 5 de junho de 1982, Dom Antônio Cheuiche, bispo auxiliar de Porto Alegre, deu posse a Mons. Urbano Zilles, atual pároco, que por anos foi auxiliado pelo Pe. Fr Rovilio Costa, OFMCap. Chegando ao Brasil, Dom Joseph Mahfouz os confirmou na paróquia.

Atualmente tem como auxiliar o padre maronita Charbel Germanos que, oriundo do Líbano, há alguns anos se incardinou nesta Eparquia.

O Movimento de Emaús de Porto Alegre tem sua sede na Paróquia desde 1985 e exerce intensa participação na vida e atividades da paróquia. É um movimento destinado à evangelização de jovens entre 18 - 26 anos de idade, na maioria estudantes. De fato, esta paróquia maronita de Porto Alegre, por causa do Movimento Emaús, é uma das mais ativas da cidade.

Um capítulo à parte sobre esta Paróquia deve ser escrito em função de uma obra social nascida à sua sombra, ainda que não diretamente dela. De fato, um grupo de

senhoras maronitas, motivadas pelos nobres sentimentos cristãos de solidariedade e socorro aos idosos necessitados, decidiu dedicar-se à fundação de uma instituição que os acolhesse de modo cristão; nasce assim, a União Beneficente de Senhoras Monte Líbano, fundada aos 7 de setembro de 1946. Passados os anos, e tendo fundado uma casa para idosos (atualmente denominada Asilo Solar Monte Líbano – R. Madre Ana, 364, no Bairro da Glória), as senhoras da União Beneficente decidiram entregar a administração desta casa para idosos a uma congregação religiosa que pudesse dar continuidade ao trabalho já desenvolvido até então.

Por interesse e iniciativa de D. Edgard Madi vieram para o Brasil assumir essa obra as Irmãs Missionárias do Santíssimo Sacramento, congregação maronita de direito patriarcal fundada no Líbano em 14 de setembro de 1966 pelo Padre Emile Salim Geara. Esta é a primeira congregação maronita feminina presente no Brasil e tem como carisma o culto eucarístico e sua difusão, o auxílio aos párocos, a educação da juventude e a assistência aos pobres e necessitados.

Quatro irmãs libanesas (Ir. Nura Khoury, Ir. Nada Saad, Georgette-Marie Tabet e Ir. Celine Gergis) chegaram ao Brasil, em São Paulo, aos 13 de maio de 2014, sendo hospedadas na sede da Eparquia e, após uns dias, rumaram com destino a Porto Alegre lá chegando aos 20 do mesmo mês e ano.

Atualmente integram a comunidade e administram o Solar, com as Irs. Georgette-Marie (Presidente) e Celine (Tesoureira) as Irs. Laure Trad (Vice-Presidente) e May Marie El Helou (Secretária) tendo as Irs. Nura e Nada retornado ao Líbano.

Além do cuidado dos idosos e da administração do Asilo Solar Monte Líbano, onde desenvolvem várias atividades destinadas à espiritualidade, recreação e bem-estar dos idosos, as mesmas irmãs ajudam na Paróquia com a animação do culto e do canto litúrgico, e tão logo dominem mais o Português, pretendem colaborar com a catequese, além do ensino do Árabe e da culinária libanesa.

Tais irmãs são uma verdadeira riqueza não apenas para a Paróquia de Porto Alegre e para o Solar, mas para toda a Eparquia Maronita do Brasil. E Deus permita que a elas se somem outras religiosas para a Sua glória e o bem da Igreja.

Paróquia de Nossa Senhora do Líbano em Belo Horizonte
Casa do Pároco: Rua Pouso Alegre, 659 – Floresta
30015-030 Belo Horizonte – MG

Telefones: (31) 3421. 7731 e 3421. 2404
Paróquia de Nossa Senhora do Líbano:
Colégio Santa Maria – Rua Jacué, 237
31110-050 Belo Horizonte – MG

No dia 4 de abril de 1991, Dom Joseph Mahfouz fez a sua primeira visita aos patrícios de Belo Horizonte, durante cinco dias. Os patrícios manifestaram o desejo de ter uma igreja maronita nesta cidade. Juntamente com a comissão organizadora da visita, Dom Joseph foi recebido em audiência pelo então Arcebispo Metropolitano de Belo Horizonte, Dom Serafim Fernandes.

Foi solicitado ao ilustre prelado conceder o uso da Capela do Colégio Santa Maria, no bairro da Floresta, para funcionar como paróquia de rito maronita. Sua Excelência aceitou imediatamente o pedido e dirigindo-se a Dom Joseph Mahfouz assim falou: "Excelência, uma paróquia de rito oriental na minha diocese é uma grande riqueza". Dom Joseph Mahfouz, muito emocionado e admirado pelo espírito eclesial de um tão bom pastor, agradeceu efusivamente a Dom Serafim.

Imediatamente os maronitas de Belo Horizonte começaram a reforma da capela e do seu presbitério. O uso desta capela foi concedido à Eparquia Maronita do Brasil, conforme um contrato de comodato, por dez anos.

Dom Joseph numa viagem ao Líbano trouxe o Pe. Michel El-Bitar, da diocese maronita de Trípoli, para ser o primeiro pároco dos maronitas de Belo Horizonte.

A inauguração da quarta Paróquia maronita do Brasil se deu no dia 27 de Março de 1993, dedicada a Nossa Senhora do Líbano. Neste dia Dom Joseph juntamente com Dom Serafim Fernandes de Araújo e outros padres concelebraram a Santa missa inaugural.

Estavam presentes os libaneses de diversas confissões e muitos amigos brasileiros e autoridades civis dentre as quais destacavam-se o deputado Agostinho Patrus e seu sobrinho, o prefeito Ananias Patrus.

Após a missa inaugural, foi descerrada a placa comemorativa da fundação desta nova paróquia maronita. Em poucas palavras, foi uma grande festa líbano-brasileira!

Em reconhecimento do seu zelo pastoral o Pe. Michel foi feito Monsenhor por D. Joseph em cerimônia que deixou os paroquianos e convidados muito felizes.

Mons. Michel como pároco de Belo Horizonte, atende também os demais patrícios do Estado de Minas Gerais.

Paróquia de Nossa Senhora do Líbano de Bauru
R. Mons. Claro, 6-88 Bauru – SP
Residência do Pároco: Av. Nações Unidas, 11-35 apto 601
17010-130 Bauru – SP
Telefone residencial: (14) 3227.6711

A Paróquia de Nossa Senhora do Líbano de Bauru, SP, a quinta paróquia maronita do Brasil, foi criada por Dom Joseph Mahfouz, OLM, Eparca Maronita do Brasil, no dia 20 de julho de 1997, dia da festa do Santo Profeta Elias. Foi a primeira paróquia maronita ereta em uma cidade do interior, sendo que as demais se encontravam, até então, somente nas capitais estaduais.

O primeiro e atual pároco é o Mons. Dr. Rubens Miraglia Zani, do clero diocesano de Bauru, que recebeu da Congregação para as Igrejas Orientais a necessária bi-ritualidade para poder exercer seu ministério como Pároco maronita.

A Providência quis que D. Joseph e o Mons. Rubens, então doutorando em Direito Canônico em Roma, na Pontifícia Universidade Lateranense, se encontrassem no Pontifício Colégio Pio Brasileiro por ocasião da celebração de um Sínodo dos Bispos da Igreja Maronita, em 1995, no qual, dentre outras deliberações, decidiu-se que os Eparcas maronitas da diáspora deveriam procurar criar paróquias maronitas onde houvesse a presença de maronitas para que estes não perdessem suas raízes. Onde pudessem, deveriam contar com clero maronita para o atendimento pastoral paroquial e, onde isso não fosse viável, poderiam procurar a colaboração do clero latino católico local. Daí surgiu o convite feito por D. Joseph ao Mons. Zani, quando soube que este era natural e habitava em Bauru. Mas a concretização da ereção da Paróquia de Bauru demorou ainda dois anos, tempo necessário para que o futuro pároco pudesse concluir seu doutorado e retornasse ao Brasil.

Por concessão de Dom Aloysio José Leal Penna, SJ, então Bispo de Bauru, foi inicialmente cedido à Paróquia Nossa Senhora do Líbano o uso da Matriz de Santa Terezinha do Menino Jesus de Bauru, nos horários em que a comunidade de rito romano não a estivesse usando.

A missa de ereção da Paróquia e posse do seu primeiro Pároco foi presidida por Dom Joseph Mahfouz e concelebraram o então Bispo Diocesano de Bauru, Dom Aloysio Penna, e o Pároco recém-empossado. Esta contou com a participação de muitos fiéis, maronitas e não, que cumprimentaram efusivamente o Eparca e o Pároco após a celebração.

Aos 23 de novembro de 1997 deu-se a transferência da Paróquia de Nossa Senhora do Líbano para a Catedral do Divino Espírito Santo, por determinação do mesmo Bispo diocesano, com o mesmo regime de cessão anteriormente estabelecido.

Por nova decisão do Ordinário diocesano, e de comum acordo com os proprietários (por se tratar de uma capela privada), aos 4 de outubro de 1998 (primeiro domingo de outubro, no ano em questão e, portanto, festa de Nossa Senhora do Rosário segundo o calendário maronita), o local das celebrações da Paróquia Nossa Senhora do Líbano foi transferido para a Capela da Imaculada Conceição, de propriedade da Irmandade da Santa Casa de Misericórdia de Bauru (que a acolheu mais que fraternalmente), no mesmo regime de uso anteriormente estabelecido.

O mesmo decreto de cessão prevê que as celebrações com grande concurso de fiéis sejam realizadas na Catedral do Divino Espírito Santo e que os fiéis que forem se casar segundo o rito maronita tenham a liberdade de escolher qualquer igreja matriz ou capela da cidade de Bauru para celebração do matrimônio, tendo o Pároco maronita delegação geral (dada pelo Ordinário latino) para dar a licença aos fiéis de rito latino que desejarem se casar segundo o rito maronita.

Participam das cerimônias nesta paróquia cristãos de outras confissões, quer latinos quer orientais, e desde a sua ereção, a Paróquia se tornou um ponto de referência para os orientais católicos e ortodoxos de Bauru. Também por isso várias pessoas procuram a Paróquia para conhecerem a missa segundo o rito maronita e seu Pároco foi convidado várias vezes para celebrá-la em outras paróquias, inclusive fora da cidade e da Diocese de Bauru.

Além das celebrações dos sacramentos, a Paróquia também oferece aos fiéis que a ela acorrem meios para a formação catequética infanto-juvenil e de adultos para os vários sacramentos, momentos de oração nos tempos fortes do ano litúrgico, orientação e direção espiritual. Parte desse trabalho é feito também através do seu boletim Paroquial – "O Maronita" – que se edita desde 2002 por iniciativa do paroquiano Ivan José Abel. Com tiragem mensal, já está no seu décimo sexto ano de atividade.

A Paróquia maronita de Bauru já se serviu de um blog e hoje dispõe de um site: **http://nslibano.org.br** procurando assim evangelizar também pelos atuais meios de comunicação. Ele é alimentado e atualizado pelo paroquiano Francisco Rocha com os artigos publicados no boletim paroquial e outras notícias ou informações de interesse para a comunidade ou para os visitantes.

O Pároco, Mons. Dr. Rubens Miraglia Zani, dedica-se a esse ministério com muito empenho e foi o promotor e, em alguns casos também o tradutor e o revisor, da edição em língua portuguesa dos livros litúrgicos necessários para a celebração dos sacramentos e sacramentais segundo o Rito Maronita (Missal, Lecionários, Rituais dos Sacramentos e Sacramentais), sendo o autor das missas do "Próprio" da Eparquia Maronita do Brasil e está preparando um Devocionário Maronita, fazendo ele próprio a compilação dos textos, as traduções do francês, espanhol e inglês ou revendo exaustivamente as traduções feitas do árabe pelo Pe. Michel Sakr, cuidando também da sua edição e distribuição. Esta preocupação deriva do fato que as novas gerações dos maronitas não falam mais a língua dos seus ancestrais, além do grande número de católicos latinos que frequenta ordinariamente as celebrações maronitas. Tal trabalho já tem demonstrado os seus frutos, pois a liturgia maronita é a característica que mais salta aos olhos dos fiéis latinos brasileiros, além de ser o coração da comunidade maronita brasileira e o seu maior sinal de identidade.

Por ser doutorado em Direito Canônico e ao cumprir dez anos de serviço à Eparquia Maronita do Brasil, o Pároco foi nomeado por Decreto de D. Edgard Madi Vigário Judicial Eparquial e, na mesma ocasião, feito Monsenhor, o que honra muito esta Paróquia e seus membros.

Paróquia de Nossa Senhora do Líbano em São José do Rio Preto

Rua Luiz Américo de Freitas, 350
1503-110 – São José do Rio Preto – SP
Telefone: (17) 3231.7377

A Paróquia de Nossa Senhora do Líbano em São José do Rio Preto foi criada por Dom Joseph Mahfouz, OLM, Arcebispo Maronita do Brasil, no dia 30 de março de 2003. O primeiro e atual pároco é o Pe. Benedito Mazeti, do clero diocesano de S. José do Rio Preto, que nomeado pelo Ordinário diocesano já exercia a função de capelão dos católicos orientais da diocese.

Por concessão de Dom Orani João Tempesta, OCist, então bispo diocesano de São José do Rio Preto, a Igreja Matriz São Benedito foi escolhida para funcionar também como paróquia maronita dedicada a Nossa Senhora do Líbano.

No domingo, 30 de março de 2003, Dom Joseph Mahfouz, encerrando a sua vista pastoral, celebrou a santa Missa no rito maronita na Catedral de São José do Rio Preto, sendo concelebrada pelo bispo diocesano Dom Orani, Pe. Donizeti Bianchi Pároco da Catedral e o Pe. Benedito Mazeti. Estavam presentes a esta celebração solene, o Sr. Prefeito Municipal Dr. Edinho Araújo e os

Secretários Municipais, o Dr. Paulo Roberto Voltarelli, presidente do Clube Monte Líbano e sua Diretoria, além de muitos fiéis orientais e brasileiros.

No final da missa, com a autorização e bênçãos do Bispo Diocesano latino, Dom Joseph Mahfouz anunciou e decretou a fundação da nova paróquia Maronita de São José do Rio Preto, tendo como pároco o Pe. Benedito Mazeti.

Na sua fala, o Bispo Diocesano latino declarou: "Esse é mais um passo para a unidade da Igreja, na diversidade dos ritos, dos idiomas e dos costumes".

O Padre Benedito a pedido de Dom Joseph Mahfouz tem autorização da Santa Sé para celebrar a Santa Missa tanto no rito latino como no rito maronita sendo, portanto, bi-ritualista, como os demais sacerdotes latinos que servem os maronitas no Brasil. É auxiliado pelo Diácono Lúcio Marcos.

A celebração da missa segundo o rito maronita de faz uma vez ao mês, aos domingos.

Paróquia de São Charbel de Guarulhos
Rua Francisco Foot, 13 – Gopoúva
07051-090 – Guarulhos – SP
Telefones: (11) 2440.7374 e 9 7424.9839

A Paróquia Maronita de São Charbel de Guarulhos, SP, foi instalada aos 28 de março de 2006, em solene celebração eucarística no rito maronita, presidida por D. Joseph Mahfouz, OLM, no Santuário São Judas Tadeu, da Diocese de Guarulhos, na presença do então Bispo Diocesano, Dom Luiz Gonzaga Bergonzini, do seu Vigário Geral, Pe. Pedro Paulo de Jesus; estiveram também presentes o Pe. Michel Sakr, maronita, e vários padres e seminaristas da Diocese de Guarulhos, além de autoridades civis de então, como o Prefeito Municipal de Guarulhos, Sr Sebastião Almeida, da deputada federal Janete Pietá, do Cônsul Geral do Líbano, Sr Joseph Sayah, representantes da Liga São Charbel, de São Paulo, muitas famílias maronitas residentes em Guarulhos e nas redondezas e mais de mil fiéis. Na ocasião, foi empossado o primeiro (e atual) pároco, Pe. Antonio Bosco da Silva, sacerdote diocesano de Guarulhos, responsável à época pelo Santuário São Judas Tadeu.

A formação da nova paróquia somente foi possível graças à benevolência e sensibilidade dos bispos citados, além da disponibilidade do Pároco, Pe. Antonio Bosco, que teve contato pela primeira vez com o Rito e a Igreja Maronita em 15 de agosto de 2005, durante missa celebrada pelo Mons. Rubens Miraglia Zani na Matriz de Santo Antônio (em Guarulhos), que explicou ao referido padre como proceder com relação à criação de uma paróquia maronita.

O Bispo de Guarulhos à época, Dom Luiz Gonzaga Bergonzini, cedeu gentilmente a Igreja Sagrado Coração de Jesus, uma construção histórica da cidade, para ser a sede da paróquia. Assim, em 02 de abril do mesmo ano, o Pe. Antonio Bosco celebrou a primeira missa no rito maronita, com significativa participação de fiéis.

Em 23 de julho de 2006, foi entronizada solenemente a relíquia de São Charbel.

Aos poucos, a paróquia foi organizada pastoralmente: pastoral da liturgia e canto, coroinhas, ministros extraordinários da comunhão, catequese de crianças, jovens e adultos, dízimo, acolhida, equipe de preparação ao Batismo, equipe de limpeza e sacristia, secretaria paroquial, Casa de Maria, grupo de oração, artesanato e equipe de festas.

Em 15 de julho de 2007, Dom Edgard Madi realizou sua primeira visita pastoral à Paróquia, estimulando a comunidade a perseverar no seguimento de Jesus e na vivência das tradições maronitas.

Em janeiro de 2012, as Irmãs da Fraternidade Arca de Maria passaram a residir na casa pastoral, sendo acolhidas pela Paróquia e cooperando em algumas atividades pastorais.

Em outubro de 2012, a Paróquia ganhou seu primeiro diácono permanente, Dc. Luís Carlos da Silva, cuja vocação surgiu e foi discernida na comunidade local.

A presença da paróquia maronita em Guarulhos é uma riqueza para a Igreja local e uma forma eficaz de presença oriental católica no Brasil, assegurando assistência espiritual e pastoral não somente para as famílias de origem maronita, mas também para muitas pessoas que se identificaram com a tradição maronita. A paróquia mantém contato direito com mais de cinquenta famílias de origem maronita, mas se sabe da existência de mais de duzentas famílias residentes em Guarulhos, sendo, portanto, urgente, o trabalho missionário.

Além das pastorais acima referidas, a Paróquia oferece atualmente várias outras atividades, dispondo inclusive de um site: **www.scharbel.com.br**.

Paróquia de São Charbel de Campinas
Av. José Bonifácio, 1428 – Jardim das Paineiras
13093-240 Campinas – SP
Endereço da casa do Pároco e da Missão:
Rua Jorge Figueiredo Correia, 900
Telefones: (19) 3305.6836 e 3044.4678

Campinas, assim como o Rio de Janeiro, tem o privilégio de contar, além de uma Paróquia, com uma Missão, esta entregue à Ordem Libanesa Maronita.

O começo da missão no Brasil se deu por iniciativa do embaixador do Líbano no Brasil, da época, Sr. José Al Saúda, que pediu ao Vaticano mandar missionários libaneses para cuidar da colônia e em seguida Roma pediu ao Superior Geral da Ordem Libanesa Maronita que mandasse padres para o Brasil.

A Ordem Libanesa Maronita mandou para o Brasil os monges Pe. Basílio Hatme, nomeando-o Superior da Comunidade, Pe. Francisco Nasser e o Pe. Bernardo Azzi que chegaram ao Rio de Janeiro em 13 de abril de 1954. Eles esperavam receber orientações do cardeal do Rio de Janeiro e ordinário dos Orientais Católicos do Brasil, D. Jaime de Barros Câmara, para decidir a localização da Missão Libanesa Maronita no Brasil. E a primeira missão se estabeleceu em São Paulo. Foi o Pe. Basílio que fez as tratativas para a aquisição do terreno para a construção daquela que seria posteriormente sede da Eparquia Maronita do Brasil e da Catedral de Nossa Senhora do Líbano, cuja construção acompanhou.

Em 1956, Pe. Basílio se tornou Presidente da Sociedade Charbel do Brasil, em São Paulo, sendo assessorado pelos Pe. Francisco e Pe. Bernardo Azzi.

O Pe. Francisco mudou-se posteriormente para Campinas onde começou a celebrar missas no rito maronita na Catedral Nossa Senhora da Conceição (a partir de

1962), e fez isso durante trinta e cinco anos consecutivos. Na ocasião, Mons. Valdemiro Karan (descendente de libaneses) era o pároco da catedral de Campinas.

Só deixou a Catedral em 1996, quando iniciou a celebração para a colônia libanesa no Santuário de São Charbel, construído em 1979 por sua iniciativa no Jardim das Paineiras onde hoje é a Paróquia São Charbel, à Av. José Bonifácio, 1428.

Antes, porém, o Pe. Fransisco construiu em 1977 a Capela São Martinho, como capela da Missão da Ordem Libanesa Maronita, hoje localizada na Rua Jorge Figueiredo Correia, 900 onde celebrava missas para os maronitas e demais fiéis campineiros.

Por muitos anos o Pe. Francisco, que além de monge sacerdote era também músico, permaneceu só, em Campinas, e sempre foi muito estimado por todos os fiéis (maronitas e latinos) e pelo clero local. Após seu falecimento, aos 31 de agosto de 2006, foi enterrado no interior da igreja que construiu com o auxílio dos fiéis, tendo a alegria de vê-la se tornar matriz da Paróquia de Campinas alguns meses antes. Até hoje é pranteado pelos que o conheceram.

Enfim, no dia 07 de maio de 2006, o Santuário de São Charbel foi transformado em Paróquia, com as presenças do Exmo. Sr. Bispo Eparca do Brasil, D. Joseph Mahfouz, do Abade Elias Khalife (Superior Geral da OLM), dos sacerdotes Pe. Sleiman Fares Eid (Pe. Salomão), Pe. Michel Sakr, Pe. Joseph Amar, Pe. José Alem (também maronita, da Paróquia N. Sr.ª do Rosário de Campinas), Mons. Valdemiro Karan, Cônego Pedro Carlos Cipolini, (atual bispo de Santo André), Pe. Busch, Vigário Geral de Campinas representando o Arcebispo de Campinas, D. Bruno Gamberini, e do Pe. Carlos (da Paróquia Santa Margarida de Campinas).

No ano de 2008, em Março, o padre Jean Maroun Maghames (Pe João) assumiu a responsabilidade da Missão Libanesa no Brasil, sendo seguido nessas atribuições pelo Padre Salomão, em 4 de fevereiro 2011.

Ele é acompanhado pelo Pe. Silouanos Chamoun que está no Brasil há alguns anos e pelo Dc. Luis Carlos. Hoje são celebradas as missas maronitas na paróquia São Charbel às 17:00 horas no sábado e às 11:00 horas e 17:00 horas no domingo, e na capela São Martinho, aos domingos, às 8:30 horas.

O Pe. Salomão celebra as missas no rito romano no Santuário Maria Desatadora dos Nós e nas Paróquias de Campinas e redondeza como válido auxílio aos Párocos locais.

Paróquia de Nossa Senhora do Líbano de Piracicaba
Praça da Catedral, s/n - Centro
13400-150 Piracicaba – SP
Telefones: (19) 3422.5748 e 3422.8489

O Arcebispo Maronita do Brasil, D. Edgard Madi, nas visitas à cidade de Piracicaba, nos anos de 2007 e 2008, encontrou uma expressiva quantidade de sírios e libaneses, natos e descendentes, bem como uma das mais antigas sociedades árabes do Brasil, a Sociedade Beneficente Sírio-Libanesa, fundada em 16 de novembro de 1902.

Desejando a criação de um ponto de referência que pudesse sinalizar a preservação da cultura e da espiritualidade maronita, tomou a iniciativa de promover a celebração de missas mensais no rito maronita.

A partir de 18 de janeiro de 2009, mensalmente, nos terceiros domingos de cada mês, às 19h30, o Pe. Salomão Fares Eid, OLM, vindo de São Paulo, presidia a celebração da Eucaristia no Rito Maronita na Catedral de Santo Antônio. Concelebrava o Mons. Jamil Nassif Abib, Pároco da Catedral.

A partir de janeiro de 2010, as celebrações passaram a ser celebradas às 19h00.

Depois de um tempo de aprendizado litúrgico em São Paulo, de 6 a 8 de fevereiro de 2010, o Mons. Jamil iniciou as presidências das celebrações, sempre às 19h00 dos terceiros domingos de cada mês, com início no dia 21 de fevereiro de 2010.

Em 14 de março de 2010, D. Edgard Madi, presidindo a celebração da Eucaristia, investiu o Mons. Jamil da devida licença para o uso do rito, conforme a autorização quinquenária da Congregação para as Igrejas Orientais, em rescrito de 19 de janeiro de 2009.

Paróquia de São Charbel de Brasília
SHIS AE QI 07 lt. C
71615-630 Lago Sul (Brasília – DF)
Residência do Pároco: Casa do Clero da Arquidiocese de Brasília
SGAN 601 Módulos E/F - 70830-010 – Asa Norte
Telefone: (61) 993300202.

Criada por D. Edgard Madi em 2009, teve como primeiro Pároco o Padre Joseph El Asmar, MLB e tinha as suas celebrações na Paróquia de Nossa Senhora do Perpétuo Socorro, dos Padres Redentoristas, onde também residia o Pároco, convivendo com os religiosos. Com a sua transferência, a Paróquia ficou inativa por algum tempo até que o Padre Antoine (Toni) Abi-Azar, sacerdote da Eparquia, a assumisse. Atualmente é auxiliado pelo diácono permanente Renato Amaral, ordenado em 2012, e pelo Pe. Wellington (Marun) Augusto Feliciano.

Por carecer de prédio próprio, tem suas funções litúrgicas na Capela de Nossa Senhora Desatadoras dos Nós, da Paróquia de São Pedro de Alcântara. Mas já se comprou um terreno e se deu início à construção da Matriz, que por desejo do Arcebispo de Brasília será bi-ritual, atendendo também os fiéis latinos do bairro.

Há uma missa aos domingos, às 11:30 h e mantém tem um grupo no whatsup e no facebook: Paróquia São Charbel, Brasília.

O Pároco atende também os maronitas da cidade de Goiânia – que no passado já contou com uma Paróquia (S. Maron) – mas o faz esporadicamente.

Paróquia de São Charbel de Suzano
Praça João Pessoa, 158 – Centro
08674-040 – Suzano – SP
Telefone: (11) 4748.1534

A Paróquia Maronita de São Charbel de Suzano, SP, criada por D. Edgard Madi, Arcebispo Maronita do Brasil, foi instalada aos 14 de fevereiro de 2016, na igreja matriz da Paróquia de São Sebastião, em Suzano, cedida por decreto de 29 de setembro de 2015 para tal finalidade (nos horários em que a comunidade de Rito Romano não a estiver usando) pelo bispo diocesano de Mogi das Cruzes D. Pedro Luiz Stringhini, tendo como seu primeiro Pároco do Rev.mo Pe. Carmine Mosca, da Congregação da Família dos Discípulos.

Antes, porém, da sua ereção canônica e instalação já aconteciam celebrações no Rito Maronita em Suzano. A criação desta Paróquia vem oficializar e ratificar, assim, o que já se tornara praxe para aquela comunidade de fiéis.

CAPÍTULO VII

OS SANTOS MARONITAS

Os melhores frutos de uma Igreja e sua espiritualidade são os seus filhos santos. Nada impressiona mais que a santidade, nenhum exemplo é mais eloquente, nenhum argumento convence mais do que este. A Igreja Maronita se orgulha santamente de seus filhos que, seguindo as pegadas de Cristo deixadas no Evangelho, souberam trilhar as sendas da santidade e enobreceram o gênero humano com seu testemunho de vida celeste em meio às realidades terrenas.

O primeiro destes filhos foi seu Pai e Fundador, São Maron (ou Marun), do qual já falamos amplamente no primeiro capítulo. Mas, se ele foi o primeiro, certamente não foi o único. Narraremos abaixo algumas biografias destes nossos irmãos de excepcional valor e imorredoura memória, seja daqueles que são muito distantes no tempo como dos que nos são mais próximos, que nos incitam a perseverar na vida cristã e a testemunhas sempre e em toda parte o Evangelho.

A vida da Igreja Maronita sempre foi marcada pela Cruz de Cristo, não apenas como sinal da sua origem cristã, mas principalmente pelo sangue que seus filhos sempre deram generosamente pela causa do Evangelho, como os trezentos e cinqüenta monges maronitas que foram trucidados na Síria (517) numa emboscada pelos hereges não-calcedonianos (são celebrados em 31 de julho) ou o Patriarca Gebrael que foi queimado vivo em 1367, em Trípoli, pelo Naïb de Trípoli, durante a dominação mameluca.

O Líbano e a Igreja Maronita já deram, durante os últimos trinta anos, três belas figuras de santidade: São Charbel Makhlouf, a Santa Rafqa (Rebeca) El-Choboq El-Rayés e São Nimatullah Kassab Al-Hardini – todos da Ordem Libanesa Maronita – além de dois Beatos, o Ir.Estêvão Nehme, também da OLM, e Pe. Fr. Yacoub (Tiago) Haddad, franciscano maronita.

E estes não são os únicos; há ainda outros processos em vias de desenvolvimento junto à Congregação para as Causas dos Santos, como o do Patriarca Estevão Duaihy, insigne seja pela sua cultura quanto pela sua santidade.

O provérbio libanês diz: "O ser humano é filho de seu meio". Não é inútil ou sem interesse, portanto, ver o que é o Líbano e quem sejam São Marun e a Igreja Maronita.

São Yuhanna (João) Marun

Nossas fontes de informação acerca de São Yuhanna (João) Marun são muitas. De maneira geral, os historiadores que falaram da Igreja maronita não se esqueceram de estudar a biografia do primeiro Patriarca. Podemos citar Yussef S. Assemany, E. Douaihy, Boutros Dib, Boutros Daou, Ignace Saadéh.

Segundo seus biógrafos antigos e modernos Yuhanna Marun nasceu no inicio do século VII na cidade de Sarum, na região de Antioquia. Fez seus estudos na cidade de Antioquia e no principal mosteiro de São Marun na Síria central, perto de Maarrat – Annaaman. Depois de sua ordenação sacerdotal, a sua atividade intelectual e seu zelo apostólico irradiaram para bem longe daquela região. O representante do Papa na Terra Santa o nomeou Bispo de Batroun (norte do Líbano), em 675 ou 676. A sua atividade missionária continuou se irradiando no Líbano e levando à fé católica um numero muito importante da população libanesa. Naquela época a comunidade maronita teve uma grande expansão na Síria, no Líbano, na Ásia Menor (Turquia), na Palestina.

No inicio de 685, uma epidemia de peste atormentou o Líbano e o Oriente Próximo, de modo geral. Yuhanna Marun visitava as cidades e as aldeias infectadas por esta calamidade pública, procurando ajudar e consolar os doentes. Escreveu uma Anáfora apropriada para as épocas de crise. Os sacerdotes maronitas continuam rezando essa Anáfora na Missa, nos tempos de epidemia e de crises.

Em 685-686, Yuhanna Marun foi eleito primeiro Patriarca maronita pelo clero siríaco da região de Antioquia. Segundo a tradição oral e alguns documentos escritos, o papa São Sergio I (687-701) confirmou essa eleição, como foi notificado anteriormente.

Desde a sua entronização, o novo Patriarca teve que enfrentar dois obstáculos de grande importância. O primeiro veio da parte do Imperador Bizantino, Justiniano II que não o reconheceu como Patriarca. O segundo obstáculo consiste no confronto com o Império árabe omaide cuja capital era Damasco. O califa omaide não podia admitir a presença de um Patriarca no Líbano e na Síria dando uma nova inspiração e um acréscimo de força aos exércitos mardaítas que atacavam o exército muçulmano sírio.

De fato, os combates recomeçaram entre árabes e mardaítas no inicio do Patriarcado de Yuhanna Marun. Este reunia em sua pessoa as qualidades do pastor religioso e do chefe político-militar. Essas qualidades e o tempo conseguiram afastar gradualmente os dois principais obstáculos.

O novo Patriarca antioqueno teve uma passagem rápida em Antioquia, na igreja do mártir São Babilas, martirizado no ano 250. Perseguido pelo Imperador Justiniano II, deixou Antioquia para se dirigir ao mosteiro de São Marun na província de Apajeia onde escreveu seu livro "Exposição da fé" para esclarecer o povo acerca de certos pontos teológicos e confirmar a sua fé no meio das dificuldades político-religiosas.

De Apaméia, se dirigiu a outro mosteiro de São Marun perto de Damasco onde permaneceu também pouco tempo. Perseguido pelo exército bizantino, teve que se dirigir ao Líbano e estabeleceu a sua residência provisória em Smar Gebail e depois em Kfarhay na região de Batrun, a sua antiga diocese. Construiu aí um mosteiro em cuja igreja instalou o crânio de São Marun que tinha trazido da Síria. Por isso, o convento de Kfarhay foi chamado Dair Rich Moran, isto é, o convento da cabeça de São Marun.

O imperador bizantino Justiniano II, desde o inicio considerou a eleição de Yuhanna Marun como um desafio a sua autoridade e um desprezo de seus direitos de chefe executivo supremo da Cristandade. Por isso ele mandou um exercito chefiado pelos generais Maurício e Marciano para capturar o novo Patriarca, subjugar os maronitas rebeldes e acabar com esse movimento separatista. O mosteiro de São Marun perto de Damasco foi destruído parcialmente pelas tropas do Imperador e muitos de seus monges foram massacrados.

Em compensação, o exército que seguiu o Patriarca ao Líbano para capturá-lo foi vencido numa batalha decisiva que teve lugar em Amyun (região de Akkar), em 694-695 pelo exército dos mardaítas, chefiado por Ibrahim, sobrinho do Patriarca e chefe do contingente mardaíta, e por Semaan, um príncipe libanês. Os dois generais bizantinos Maurício e Marciano morreram na batalha e foram enterrados em Akkar.

A primeira grande imprudência cometida pelo Imperador Justiniano II consistiu no afastamento do Líbano de 12.000 guerreiros mardaítas, os "bizantinye". A segunda imprudência ou crime foi essa inimizade declarada contra o Patriarca Yuhanna Marun, a destruição parcial do mosteiro de São Marun e a matança ignominiosa de muitos monges daquele mosteiro.

Alem disso, o Kalifa não queria admitir a presença de um Patriarca no Líbano dando apoio e acréscimo de força aos exércitos Maradat, inimigos dos Árabes. Por isso, os combates recomeçaram entre árabes e Maradat no inicio do Patriarcado de Yuhanna Marun. Este reunia em sua pessoa as qualidades do Pastor religioso e do chefe político, isto é a prudência, a sabedoria e a coragem dos heróis nacionais. Essas qualidades e o tempo conseguiram afastar gradativamente os dois principais obstáculos. O primeiro Patriarca Maronita foi conhecido por sua santidade e sua alta cultura teológica. Ele passou a uma vida melhor perto do ano 710. Como acontecia naquela época, o povo maronita levou o Patriarca Yuhanna Maroun aos altares. Celebramos a sua festa no dia 2 de março de cada ano.

São Simeão Estilita

É chamado "o velho" para distingui-lo de um homônimo estilita que viveu mais de um século depois dele. Notícias bastante detalhadas sobre este santo estilita (da palavra "stilos": coluna, em grego, porque tal santo viveu sua vida de eremita no alto de uma coluna como forma de penitência) nos chegaram pelo testemunho ocular e direto de um historiador imparcial, Teodoreto, bispo de Ciro (Cyr ou Cur, na região a Apaméia, hoje entre a Síria e a Turquia) e que foi seu íntimo amigo.

A sua estranha forma de ascetismo, muito discutida desde o seu tempo, hoje não seria absolutamente mais compreendida. Não se pode, todavia, negar que tal especialíssima vocação tenha se revelado útil para a evangelização, a edificação do povo e para a defesa da fé.

Simeão, cujo nome – vindo do hebraico – significa "Deus ouviu", nasceu em Sis, na Cilícia, por volta do ano 380, de uma família de pobres pastores. Na infância sua única ocupação foi a de guarda do rebanho. Um dia, não podendo andar à pastagem por causa da neve, foi à igreja onde ficou emocionado ouvindo a leitura das bem-aventuranças evangélicas. Pediu então a um ancião como fosse possível conseguir a felicidade que elas prometiam e este lhe sugeriu abandonar sem hesitação o mundo. Simeão entrou então numa outra igreja e, prostrado por terra, rezou por longo tempo ao Senhor para que lhe mostrasse a Sua vontade. Adormentando-se, em sonho lhe pareceu de escavar os alicerces de uma casa: entre uma parada e outra, uma voz várias vezes o amoniu: "Escava mais fundo". Quando os alicerces chegaram a uma certa profundidade, a mesma voz lhe disse: "Agora podes construir o edifício da altura que quiseres".

Desejando vencer a si mesmo e atingir a perfeição, Simeão decidiu trancar-se num mosteiro, onde conduziu uma vida inocente e marcada por uma dura austeridade, dedicado aos ofícios mais humildes. Como, porém, aspirava a uma perfeição ainda mais alta, dois anos depois se transferiu na solidão de Teleda por uma dezena de anos. Aqui seus companheiros comiam a cada dois dias, mas ele passava toda a semana sem alimento algum. Os pobres eram os beneficiários da sua ração. O abade Heliodoro, não aprovando aquela sua singularidade, tentou em vão moderá-lo. Um dia Simeão se amarou fortemente em torno ao corpo uma corda tecida de mirto selvagem, tanto que provocou vistosas chagas e depois de alguns dias foi descoberto pelo sangue que perdia e o fedor de pus que emanava. Foram necessárias várias curas e, apenas curado, o abade o mandou embora do mosteiro, para que aquele extraordinário fervor não induzisse outros a imitá-lo.

Simeão se refugiou em uma cisterna enxuta e nela rezava e chorava seus pecados continuamente, crendo-se um grande pecador, até que o abade cinco dias depois o mandou chamar, arrependido do mau tratamento que lhe dispensara. Um ano depois, porém, saiu definitivamente do mosteiro para estabelecer-se numa cabana em Teli Nesim, nas proximidades de Antioquia, sob a direção do sacerdote Basso. Chegando o princípio da quaresma, se propôs transcorrê-la no mais absoluto jejum, mas seu mestre se opôs, considerando um tal projeto um tentado suicídio. Enfim se fez emparedar no tugúrio com apenas dez pães e uma moringa de água. No fim da quaresma Simeão jazia por terra sem voz e sem movimento, mas depois de ter recebido a comunhão readquiriu as forças. Por vinte e oito anos pontualmente ele renovou este terrível jejum quaresmal.

Depois de ter transcorrido três anos naquela mísera cela, Simeão subiu a uma montanha próxima e, para dar-se à contemplação, se fez acorrentar por um pé à rocha do recinto que fez construir apoiado no monte. Melezio, bispo de Antioquia, visitando Simeão na voluntária prisão, se permitiu de lhe fazer notar que em tal maneira atroz eram acorrentados somente os animais mais ferozes. O santo se propôs então a tender à perfeição com a força de vontade e, ao se romper a corrente o couro que lhe protegia a carne mostrou aos olhos de Teodoreto que estava cheio de piolhos: Simeão havia suportado as suas mordidas com uma invencível paciência.

A vida extraordinariamente penitente praticada pelo santo, além dos milagres operados pela sua intercessão atraíram uma multidão imensa de peregrinos. A ascese extraordinária de Simeão agradava às pessoas dos arredores, que acorriam numerosas. Achando exagerados os atos de veneração dos quais era alvo, achou então oportuno colocar-se sobre uma coluna e, sucessivamente, sobre outras três de altura sempre superior. A coluna era servida de uma balaustrada de cerca de um metro de diâmetro, desprovida de algum reparo da chuva ou do sol. O estilita não podia, portanto, nem deitar-se, nem sentar-se. Duas vezes por dia se dirigia aos visitadores dirimindo litígios, operando curas e outros milagres. Uma pregação simples que fazia grande impressão sobre as pessoas, que acorriam sempre mais numerosas. O extraordinário carisma do Estilita procurou numerosas conversões mesmo entre os árabes. Cada semana recebia a comunhão e a cada quarenta dias se nutria com um pouco de alimento. Em tal modo permaneceu sempre exposto aos olhares da multidão, aparecendo como um modelo de sobre-humana fortaleza e de constância. Simeão se dirigia com simplicidade ao povo duas vezes por dia, depois da hora nona (15:00 h), para distribuir justiça aos litigantes, para recordar a necessidade de distanciar-se dos bens terrenos e os terríveis castigos reservados aos obstinados pecadores. O resto do dia o reservava para a oração. Converteu muitos sarracenos, persas, georgianos e armênios. Sempre com doçura combateu, além disso, os erros dos judeus, dos hereges e dos pagãos.

Simeão gozou da fama de taumaturgo e de profeta. Ninguém se afastou dele sem ser consolado: fez brotar uma nascente d'água numa localidade que não dispunha de uma, obteve filhos para as rainhas dos sarracenos e dos israelitas, predisse guerras e carestias, devolveu a saúde a tantos enfermos. O imperador S. Teodósio II, o Jovem, o suplicou de trabalhar pelo bem da Igreja e de fazer em modo que João, patriarca di Antioquia, cessasse de sustentar a causa do herético Nestório. O imperador S. Leão I, o Grande, lhe escreveu sobre o Concílio de Calcedônia e de Timóteo Eluro, que se apoderara do patriarcado de Alexandria, matando S. Protério. Da sua parte, Simeão recordou aos prelados e príncipes seus deveres, mesmo considerando a si mesmo "um vil e abjeto verme e o aborto dos monges". À viúva de Teodósio II, Santa Eudóxia, que lhe pediu um parecer sobre o herético Êutiques e sobre o Concílio de Calcedônia, ele a aconselhou recorrer a Santo Eutímio, o Grande.

O desprezo que Simeão sempre nutriu pelo próprio corpo o fez insensível às dores ocasionadas pelas feridas, mas teve mesmo assim o pressentimento da sua última hora. Recebeu pela última vez a Eucaristia pelas mãos de Domno, patriarca de Antioquia. Enfim, aos 2 de setembro de 459, com cerca de setenta anos, o heróico penitente rendeu sua alma a Deus, enquanto se inclinava sobre a sua coluna como era habituado fazer para iniciar a sua oração. À notícia da sua morte, o patriarca de Antioquia e outros seis bispos, além do chefe da milícia, Ardaburio, com um contingente de seiscentos soldados, se dirigiram aos pés da coluna. Três bispos subiram e beijaram as vestes do estilita recitando salmos. O seu corpo foi posto num caixão de chumbo.

Era tanta a fama deste campeão da ascese que diversos grupos procuraram roubar o seu corpo para venerá-lo. Até os muçulmanos acorreram armados tentando apoderar-se dele, mas Ardaburio se opôs firmemente. Uma enorme multidão acorreu em torno da coluna com perfumes, velas e archotes. O corpo de Simeão foi então colocado sobre um altar de mármore, construído diante da coluna e todos os bispos o beijaram devotamente. O féretro, deposto sobre um carro, foi depois transferido a Antioquia. O imperador Leão I quis fazer transportar as relíquias a Constantinopla, mas teve que desistir do seu projeto pela oposição e as súplicas dos antioquenos. Sobre o sepulcro do santo iniciaram a verificar-se mais milagres de quantos não se fossem realizados durante a sua vida. Um magnífico templo em forma de cruz com um quadripórtico, do qual permanecem as ruínas, foi ereto em Qal'at Sim'an em torno da coluna sobre a qual Simeão havia realizado tantas penitências.

Discípulo e imitador de Simeão foi o estilita São Daniel, que introduziu os estilitas em Constantinopla. Comemorado aos 27 de julho no Martyrologium Romanum, e dia 1° de setembro no Calendário Santoral Maronita, S. Simeão Estilita é chamado de "o Velho", para distingui-lo do santo homônimo que viveu no século sucessivo, monge na Síria, que viveu por sessenta e oito anos sobre uma coluna, tanto que mereceu também ele o apelativo de "estilita" e é conhecido, portanto, como S. Simeão Estilita, o Jovem.

São Tiago de Sarug

"Em Batnan na província de Osroene, na hodierna Turquia, São Tiago, bispo de Sarug, que iluminou de puríssima fé esta Igreja com discursos, homilias e traduções e é venerado entre os Sírios juntamente com Santo Efrém como doutor e coluna da Igreja." Assim se lê no Martirológio Romano, no dia 29 de novembro.

Fecundíssimo Padre siríaco da Igreja nasceu por volta de 450 em Hawra, distrito de Sarug às margens do Eufrates, nos arredores de Edessa, e rendeu sua alma a Deus em cerca de 520 após uma vida dedicada ao estudo e à composição de homilias e poemas sacros. É festejado entre os sírios e latinos aos 29 de novembro e aos 05 de abril entre os maronitas.

Freqüentou a célebre escola de Edessa (herdeira da doutrina de Santo Efrém, o Sírio, mas de influência nestoriana então) por volta de 470 onde, como tantos outros, aderiu ao partido de Cirilo, rompendo com a Escola.

Viveu no tempo das controvérsias teológicas que se seguiram ao concilio di Calcedônia; ele se situa na corrente monofisista, mas, de temperamento pacífico e apostólico, foge das polêmicas que agitaram seus contemporâneos e, de fronte às disputas, deseja apenas adorar o mistério no estupor, no respeito e no silêncio

Apesar de muitas controvérsias sobre a sua ortodoxia, é seguro que aderiu aos sequazes de Severo de Antioquia e que, depois de ser sacerdote, monge e periodeuta (supervisor do clero) na diocese de Sarug, foi ordenado bispo de Batna em 519, próximo ao fim de sua vida (que durou só mais dois anos e meio).

Suas cartas aos monges de Mar Bass mostram sua ortodoxia, já que se defende de acusações dos monofisitas.

Poeta fecundo, cujas obras – sobretudo as homilias rítmicas ou métricas chamadas *Memre* (uma espécie de recitativos rítmicos épicos que foram integrados ao ofício divino siríaco, onde canta com contínuos e sapientes reenvios às Escrituras hebraicas e cristãs a beleza do agir de Deus na história, refletido emblematicamente no olhar misericordioso de Deus revelado a nós pelo rosto de Cristo) – ainda são mal estudadas, conhecia o grego, mas escreveu apenas em siríaco. Justamente por elas foi chamado nas Igrejas orientais de tradição siríaca "Harpa da Igreja" e "Flauta do Espírito Santo".

Teve parte de suas obras (homilias) publicadas no Ocidente no início do século XX em cinco grossos volumes por P. Bedjan, sem falar de outros seus trabalhos, todos inspirados na literatura bíblica, marca registrada da tradição siríaca, e cheios de alegorias – outro traço distintivo da mesma tradição. Vê a teologia grega a partir da Escola de Edessa e preocupa-se em compreender os mistérios da revelação do Filho. A sua cristologia é interessante como complemento da cristologia ocidental, e se funda sobre uma antropologia, uma concepção da criação e da salvação comuns à teologia siríaca.

Segundo a tradição, Tiago de Sarug teria composto 763 *memre*, sem falar das cartas e poemas. Toda a sua obra ainda deve ser melhor estudada para que se possa fixar não só a autenticidade do que lhe vem atribuído como a sua cronologia.

Tal é a sua influência que vem comemorado em mais de uma Anáfora das várias que possui a Igreja Maronita.

Santa Marina

O estudo sobre a vida de Santa Marina tem apaixonado os hagiógrafos de todos os tempos, e assim se criou uma massa de documentos – recensões de bem dez línguas orientais e ocidentais, convergentes e divergentes no contar e na pesquisa histórica que entre outras coisas assevera a sua existência. Os vários países nos quais se difundiu o seu culto começaram a localizar a vida da santa no próprio território e por isso temos a sua origem no Egito, na Trácia, na Bitínia, na Sicilia e no Líbano. Mas as pesquisas históricas mais sérias e profundas indicam que realmente seja o Líbano a sua pátria, e que se tenha desenvolvido no curso do V século da era cristã.

No tocante à narração da sua vida, essa tem coisas em comum com algumas santas que se encontraram mais ou menos na mesma situação: Apolinária, Atanásia, Anastásia, Eufrosina, Eugênia e Teodora.

Poder-se-ia, quase, se fazer um filme ou uma obra teatral da história de Santa Marina: Amava a tal ponto o pai que quando este, ficando viúvo, quis retirar-se em um convento, para não deixá-lo, se vestiu como um homem e mudou o nome em Marino, justificando seus traços femininos fazendo-se passar por um eunuco. Depois da morte do pai ela continuou a fingir-se homem e conduziu vida monástica regular. Um dia acompanhou um grupo de monges a um lugar distante e, portanto, estes tiveram que transcorrer a noite em uma estalagem, mas o caso quis que a filha do estalageiro fosse seduzida por um soldado, justamente naquela noite e percebendo estar grávida desse a culpa justamente a ele, Marino (ou seja, Marina) do fato. O estalageiro protestou junto ao egumeno (superior) do convento: Marina não procurou desculpar-se; foi expulsa do mosteiro e, depois do nascimento, lhe foi confiado o menino, fruto da fornicação, que conseguiu criar com sacrifícios. Permaneceu, porém, sempre nas proximidades do mosteiro, levando uma vida de penitência por uma culpa que não cometera.

O egumeno, comovido pela sua vida de penitência – sinal do seu arrependimento – após três anos a readmitiu no mosteiro, onde ela foi, como no passado, exemplo de observância monástica. Como ela conservasse consigo o filho, foi-lhe destinada uma cela numa gruta próxima às celas ocupadas pelos demais membros da comunidade.

Pouco tempo depois, Marina – Marino morreu e, no momento de vesti-lo com os panos fúnebres, os monges – estupefatos – se deram conta do seu real sexo e compreenderam assim de qual difamação fosse estada vítima e como ela a tivesse aceita com a maior resignação.

Foi sepultada na mesma gruta que lhe serviu de cela após o seu retorno ao mosteiro – o de Qanoubin, no Vale de Kadisha, no Líbano – e esta mesma gruta serviu posteriormente como jazigo dos Patriarcas maronitas enquanto estes viveram no mosteiro de Nossa Senhora de Qanoubin.

As várias Igrejas orientais a comemoram em dias diversos em seus calendários; a Igreja Maronita a celebra dia 17 de julho e o Martirológio Romano a coloca no dia 18 de junho e é nesta data que em Paris há séculos se venera Santa Marina - Marino.

A origem do nome vem do latim Marinus "homem do mar", mas é também verdade que a origem pode ser Marius (Mário). Muito difuso na Itália e na França, um diminutivo de Marina muito usado é Marinella.

Os três mártires irmãos Massâbki:

Francisco, 'Abdel-Mo'ti e Rafael, martirizados com outros nove padres franciscanos, durante o genocídio dos cristãos no Líbano e na Síria, no dia 10 de julho de 1860, em Damasco. Após sua prisão e tortura, intimados pelo infiel muçulmano a abjurar a Fé verdadeira em Jesus Cristo e na Sua Igreja, deram generosamente suas vidas pela fé herdade dos Apóstolos, de São Marun e de seus pais. Os doze foram beatificados no dia 10 de outubro de 1926, no Vaticano, pelo Papa Pio XI. Infelizmente páginas como estas de genocídio e limpeza religiosa voltam a se repetir nos nossos dias, com outro tanto de heroísmo e testemunho (martírio) de novos fiéis.

São Charbel Makhlouf

Símbolo de união entre Oriente e Ocidente, beatificado no dia 5 de dezembro de 1965 e canonizado no dia 9 de outubro de 1977, foi o primeiro confessor do Oriente venerado de acordo com o procedimento da Igreja Católica Apostólica Romana. Libanês, São Charbel foi membro da Ordem Libanesa Maronita e filho da Igreja Maronita. Esta deve o seu nome a um anacoreta oriental, São Maron (Marun), falecido em 410. A Igreja Maronita, cujo centro se encontra no Líbano, tem a honra de ter como língua litúrgica o aramaico, a língua falada por Jesus Cristo; ela também tem a honra de ter permanecido sempre católica, apostólica, romana. A Igreja Maronita foi à única Igreja oriental que ficou sempre ligada ao Santo Padre, o Papa.

Nasceu no dia 8 de maio de 1828, numa aldeia montanhosa maronita, chamada Beqa'Kafra, a mais alta do Líbano, a 1.600 metros de altitude, situada nas proximidades dos Cedros do Líbano, com vista panorâmica sobre a Vale de Qadisha, conhecido por "Vale Santo". Era o quinto filho do casal Antun Zarour Makhlouf e Brígita Al-Chidiac, batizado com nome de Youssef (José). De família modesta e muito respeitada, o pai era um simples camponês, mas de uma fé sólida e inabalável. Sua mãe igualmente muito piedosa. Neste ambiente de simplicidade, piedade e honestidade, cresceu o pequeno Youssef. Quando completou seu terceiro ano, perdeu seu pai que foi requisitado pelo exército otomano (turco) para transporte de material e trabalhos forçados.

Órfão de pai, Youssef frequentava, em companhia de outras crianças seus colegas, a escola paroquial de sua aldeia. Notava-se que ele era muito religioso. De fato, todas as noites, antes de irem dormir, as crianças, como estava acontecendo nas maiorias das famílias maronitas daquele tempo, ajoelhadas em volta da mãe, repetiam as preces que ela fazia, enquanto o incenso queimava num prato sobre um altarzinho suspenso à parede onde Nossa Senhora ocupa um lugar central, em meio aos santos.

Desde a primeira infância, Youssef manifestou uma tendência muito pronunciada para a devoção e para a meditação. Às vezes, ele abandonava seus companheiros e retirava-se para rezar sozinho numa gruta que foi denominada, a princípio ironicamente, "a gruta do santo". Já adolescente, no inverno, como a neve cobria os campos e as casas - às vezes tinha quatro metros de neve - Youssef ajudava sua mãe no trabalho doméstico, sobretudo a cozer o pão libanês que se preparava em casa. Mas na primavera, Youssef levava a vaca e os cordeiros da família a pastarem, e ajudava o tio paterno, Tanios, nos trabalhos agrícolas, sobretudo a cultivar as amoreiras para criar o bicho da seda (charanek el azz), ou "a safra do esplendor" (mawssem el 'izz), naquele tempo, principal meio de vida de toda a montanha libanesa. Assim, Youssef trabalhava e, ao mesmo tempo, aprendia a ler e escrever sob o carvalho da igreja que funcionava como escola da aldeia. Mas seu coração não estava em nada disto. Ele pedia à Santíssima Virgem, tão venerada pelos Maronitas, que o ajudasse para se tornar monge como seus dois tios maternos que eram eremitas no mosteiro de Santo Antão de Qozhaya que pertence a Ordem de Santo Antão Libanesa Maronita.

Num mundo sem interesse para ele, Youssef começou realmente a sentir a nostalgia de Deus. Já ouvia uma forte voz interior a chamá-lo: "Deixa tudo e segue o

Cristo para ganhar Tudo". Sendo ainda jovem, aos 23 anos, e apesar da afeição da mãe por ele, bem como da oposição de seu tio paterno, pois precisava dos braços do moço para sustentar a família, e da solicitação de uma jovem vizinha, Míriam, que, apaixonada, queria casar-se com ele, Youssef preferiu responder ao chamado de Deus e abraçar a vida monástica. Em 1851, bem cedo e sem avisar ninguém, nem mesmo a sua mãe, Youssef deixou a sua aldeia e se apresentou no mosteiro de Nossa Senhora de Mayfouq da Ordem Libanesa Maronita, na região de Jbeil (Byblos). Assim, aos 23 anos de idade, o jovem Youssef fez seu primeiro ano de noviciado neste mosteiro, superando todas as provas, e escolheu por nome religioso "Charbel", em honra a São Charbel, martirizado no Oriente Médio em 121 de nossa era cristã. Nada podia desviar o irmão Charbel desta decisão livre e inspirada. De fato, sua mãe e outros parentes visitaram-no muitas vezes no mosteiro para tentar dissuadi-lo, mas ele tinha sempre uma só resposta: "Deus me quer inteiramente para Ele".

Terminando o primeiro ano de noviciado, o irmão Charbel foi enviado ao mosteiro de São Marun de Annaya para fazer seu segundo ano de provação. É bom sublinhar que a primeira pedra deste mosteiro onde viveria e seria sepultado Padre Charbel foi posta no mesmo ano de nascimento do nosso santo em 1828.

Na vida religiosa, o noviço deve cantar o Ofício sete vezes por dia em aramaico, a língua falada por Jesus Cristo na Palestina; ele também deve praticar a penitência e estudar a liturgia e a vida monástica. Além disso, ele desempenhava os trabalhos domésticos do mosteiro, tanto internos como externos: lavar a roupa, fazer o pão, cultivar a terra, ser mesmo sapateiro-remendão, carpinteiro, agricultor, etc... Em suma, os monges daquele tempo procuraram a viver "o regime de auto-suficiência".

Em 1853 e aos 25 anos de idade, no fim do noviciado, ele fez no mosteiro de Annaya sua profissão monástica, ou seja, os votos solenes de obediência, castidade e pobreza, no dia primeiro de novembro de 1853.

Charbel, já professo, foi enviado ao mosteiro de São Cipriano em Kfifan (Batroun), que era na época o Escolasticado ou o Seminário de Teologia da Ordem Libanesa Maronita; neste mosteiro, ele foi aluno de nosso novo Beato Padre Nimatullah Kassab Al-Hardini, na Teologia e no caminho da santidade. Em todas as matérias, o irmão Charbel se destacava sempre entre os primeiros estudantes. Terminando o curso de Filosofia e de Teologia, Charbel foi ordenado sacerdote em 23 de julho de 1859, em Bekerké, sede patriarcal maronita. Recebeu em seguida a ordem de seus superiores para voltar ao mosteiro de São Marun de Annaya, onde permaneceu em comunidade - vida comum - antes de retirar-se definitivamente para uma vida de eremita. Neste mosteiro, sua vida era dividida entre as orações e o trabalho: "Ora et Labora".

Segunda a tradição monástica oriental, a vida monástica atinge o seu auge numa vida solitária: "Estar a sós com o Único". A vida comunitária era considerada como um período de transição ou de formação para uma vida propriamente eremita. Este ideal permanecia muito vivo na vida monástica maronita que preservava um posto de honra a seus eremitas. Atualmente, para tornarem-se os êmulos de São Charbel, dois monges da Ordem Libanesa Maronita são eremitas em celas já eretas: padre Antônio Chaina no cemitério de São Boula no mosteiro Santo Antão de Qozhaya, e padre João Khawand no eremitério de Santo Antão no mosteiro Nossa Senhora de Tamish.

O Padre Charbel sentia a vocação para a vida solitária. Em várias ocasiões solicitou a autorização para retirar-se a um eremitério. Depois de muita insistência da parte de nosso Santo, e após uma comprovação da dita vocação da parte do superior da Ordem, foi-lhe concedida a autorização de viver num eremitério, pertencente ao mosteiro de São Marun de Annaya. Conforme as normas da Ordem Libanesa Maronita, o eremita permanece sob a jurisdição do superior de seu convento, fazendo parte da comunidade, e sua vida é das mais austeras. Qual foi aquela comprovação?

Um dia, Padre Charbel levou sua lâmpada - não tinha na época energia elétrica - à cozinha a fim de que o servente a abastecesse de azeite. O servente e seu companheiro, que eram adolescentes, querendo zombar do humilde monge, encheram a lâmpada de água. Padre Charbel, agradecendo gentilmente o servente, se recolhe à sua cela e acende a lâmpada, e ela permanece acesa. Os serventes brincalhões estavam observando. Ao ver a luz na cela de nosso Santo, perturbaram-se e correram a relatar o fato ao padre superior. Este vai imediatamente à cela e verifica que, de fato, a lâmpada está acesa, mesmo contendo só água. Um destes serventes, de nome Saba Mussa, sobreviveu ao Padre Charbel e, na idade de 60 anos, deu, sob juramento, testemunho do ocorrido. No dia seguinte, o Padre Geral da Ordem, avisado deste milagre, autorizou imediatamente Padre Charbel a ocupar, no eremitério dos Santos Pedro e Paulo que pertence ao mosteiro de Annaya, a cela do padre Eliseo Kassab Al-Hardini, irmão de nosso novo Beato Nimatullah, que acabava de morrer. Assim Padre Charbel se tornou eremita no dia 15 de fevereiro de 1875, que era Ano Santo. Este eremitério está situado a 1.400 metros de altitude, e foi construído no ano 1798, dois séculos antes da morte de nosso Santo e atualmente é meta de peregrinação para os seus devotos.

O eremita tem de procurar ser um novo crucificado, um novo cordeiro da Páscoa na Igreja de Cristo. Assim, seus dias são divididos entre as preces e meditações contínuas, e trabalhos braçais nas propriedades do convento, mas nas vizinhas do eremitério. O regulamento permite-lhe dormir cinco horas por dia, para passar o resto do tempo rezando, pois, conforme São Charbel: "A prece relaxa os membros mais eficazmente que o sono". Às vezes, nosso Santo permanecia horas e horas a fio ajoelhando diante o Santíssimo Sacramento. Sua cela tinha seis metros quadrados. Se encontrava nela : um colchão de folhas de carvalho, uma lâmpada de azeite, um prato de madeira sobre um banquinho, uma pedra que serve de cadeira, os livros de preces, particularmente "A Imitação de Jesus Cristo ".

O eremita maronita tinha só uma refeição às 14:00 horas, que é composta por comida simples, em geral legumes verdes ou cozidos, cereais, azeitonas. Nunca come carne, nem frutas. Esta refeição é sempre entregue pelo convento. Bebe só água. Padre Charbel dizia: "A pobreza favorece a salvação. A frugalidade fortalece a alma. Quero viver nas privações, ignorando os prazeres e as doçuras deste mundo. Quero ser o servidor de Cristo e de meus irmãos". Assim, o eremita Padre Charbel mal vestido, mas com vestes limpas, mal alimentado, mas com boa saúde, exposto sem defesa ao frio e ao calor, privado de qualquer conforto e qualquer ternura humana, era, entretanto, o homem mais feliz do mundo, pois o Senhor tornara-se sua verdade, sua força, sua riqueza, sua alegria e a razão da sua vida. Por isso, magro, seu rosto estava sempre radiante.

No dia 16 de dezembro de 1898 às 11:00 horas, o eremita Padre Charbel celebrava como de costume a santa missa na capela do eremitério quando foi atacado de paralisia no momento exato da Grande Elevação, enquanto recitava em aramaico "Aba Dcushto", a seguinte oração da Liturgia Maronita: "Ó Pai da verdade, eis o Vosso Filho, vítima de Vosso agrado, aceitai-O pois Ele sofreu a morte para minha justificação...Eis aqui o Seu sangue derramado sobre a Gólgota para minha salvação... aceitai minha oferenda". A agonia durou oito dias; após vinte e três anos de uma vida de eremita exemplar, São Charbel morreu no dia 24 de dezembro de 1898, na véspera do Natal, aos setenta anos de idade.

Ele morreu como morrem os Justos! Foi enterrado com simplicidade no cemitério do convento de São Marun de Annaya com outros monges já falecidos.

Faleceu, mas podemos dizer que a sua verdadeira vida começou com a sua morte, pois, no Líbano como no mundo inteiro, São Charbel é sempre invocado.

Piedoso, honesto, simples, sincero, assim foi o jovem Youssef em sua aldeia. No mosteiro adquiriu as virtudes cristãs, humanas e monásticas. Os testemunhos recolhidos mostram um São Charbel obediente com uma obediência quase legendária. Sua castidade era verdadeiramente angélica, que brilhava em todos os lugares onde se encontrava. Em sua pobreza alegre imitou os maiores Santos da Igreja, pois sabia perfeitamente que ao despojar-se de tudo neste mundo era imensamente rico no Senhor. O dinheiro, naturalmente, nada significava para ele: nem o dinheiro, nem o bem material. Nunca aceitava qualquer estipêndio pelas cerimônias religiosas das quais participava por ordem de seus superiores. Quando os fiéis insistiam, mandava entregar o dinheiro ao superior ou a outro monge.

São Charbel foi sempre um homem de oração; permanecia longas horas ajoelhando em frente ao Santíssimo, vivendo deste modo o preceito do Senhor: "Orai sem cessar". Venerava a Santíssima Virgem Maria de modo que seu coração se tornou um "coração mariano". Respeitava o próximo sem distinção de classes ou discriminação etária. Vivia como os "sacerdotes operários", escolhendo sempre o trabalho mais penoso e mais humilde, e dedicando-se exclusivamente à oração e ao trabalho: "Ora et Labora". Em resumo, suas orações incessantes, seus jejuns prolongados, suas mortificações e sua união com Deus fizeram dele um "anjo com forma humana".

Após a morte, bem como durante a vida, Padre Charbel foi considerado um santo. No dia de sua inumação, o superior anotou no diário do mosteiro de São Marun de Annaya o seguinte: "No dia 24 de dezembro de 1898 Padre Charbel de Beqa'Kafra, eremita, foi atacado pela paralisia; recebeu os últimos sacramentos, e morreu aos 70 anos de idade; foi sepultado no cemitério da comunidade, sendo superior o Padre Antônio Michmichâni. Os fatos "post-mortem"(após a morte) me dispensarão de dar maiores detalhes sobre sua vida. Fiel a seus votos, de obediência exemplar, sua conduta era mais angélica que humana". De fato, tratava-se de uma profecia que mais tarde se realizou.

O corpo de São Charbel permaneceu intacto depois de sua morte; inclusive transpirava. Este fenômeno de conservação e transpiração de corpo, desafiando as leis da natureza, fascinou os médicos, os homens de ciência e as pessoas mais simples. Em agosto de 1952, eu mesmo toquei no seu corpo; poderia dizer que era um "morto-vivo".

Que um cadáver se conserve não é um fenômeno único, porém que os restos mortais se conservem flexíveis, tenros, manejáveis, transpirando incessantemente, é um caso extraordinário e único no gênero. Este foi o caso de nosso Santo, cujo corpo se conservou e transpirou até o dia de sua Beatificação que se realizou no dia 5 de dezembro de 1965, no encerramento do Concílio Ecumênico Vaticano II. Podemos até dizer que seu corpo não conheceu a corrupção: depois de 1965, ele se decompôs simplesmente, e jamais se percebeu o odor que emana normalmente dos cadáveres ao abrir seus túmulos. Era ao contrário um odor agradável. Abriu-se o túmulo no dia 3 de fevereiro de 1976, e eu estive presente como responsável da sua Causa de Canonização; seu corpo está já decomposta, sobrando o esqueleto. No entanto os ossos conservam uma certa frescura e uma cor rosada (cor de vinho).

Conforme a ciência, seis meses depois da morte o esqueleto do ser humano, normalmente, é formado de ossos brancos e perfurados. Até hoje, ano 1998, nunca este fenômeno se encontrou no esqueleto de São Charbel. Em suma, seu corpo foi conservado até a sua Beatificação, depois ele "se volatilizou", sobrando o esqueleto que é conservado de uma maneira extraordinária.

Nosso Senhor, por intercessão de nosso Santo, fez muitos milagres, mesmo na sua vida como após a sua morte, pois tornou-se pouco a pouco evidente para todos que um poder sobrenatural emanava dele. Quando vivo, ele tinha um poder que curava os doentes, acalmava os espíritos malignos. Por exemplo, uma vez, durante o trabalho campestre, uma cobra saiu de uma moita e se aproximou, ameaçadora. Os trabalhadores leigos tentam em vão matá-la ou afugentá-la. Apeiam para Padre Charbel que estava pertinho. Ele chega, sereno, e aproxima-se da cobra com calma. Esta se imobilizou. Fazendo um gesto, diz-lhe: "vá embora daqui, ó bendita". O réptil deslizou calmamente por perto dele e foi embora.

Em 1885, os gafanhotos invadiram a montanha libanesa e começaram a devastar a região de Annaya. Eles foram afastados desta região pelas preces do Padre Charbel e sua bênção. Muitos doentes, considerados perdidos pela medicina, encontravam cura repentina sob a influência do Padre Charbel que, em geral, chegava, rezava, abençoava a água, aspergia o doente, olhando-o longamente, e se retirava. O doente levantava-se; estava curado. Um dia, levaram ao Padre Charbel um jovem chamado "o louco de Ihmej", pequena aldeia perto do eremitério, que era violento, indomável, agressivo, e muito perigoso. O Padre Charbel libertou-o das cadeias e mandou-o pôr-se de joelhos. O louco, com calma, obedeceu. Nosso Santo põe as mãos sobre a cabeça dele e reza. Terminando a oração, o louco de Ihmej estava totalmente curado.

Estes foram alguns favores e milagres que se realizaram durante a vida do Padre Charbel. Após a sua morte,o primeiro fenômeno extraordinário se realizou algumas semanas depois do seu sepultamento quando luzes estranhas começaram a aparecer à noite sobre seu túmulo. Os fiéis da vizinhança alertaram o superior do convento que, uma noite, percebeu pessoalmente o fenômeno prodigioso; sob o efeito das luzes e dos milagres, ele solicitou autorização ao Patriarca Maronita, Elias Houwaék, para abrir o túmulo e transferir o corpo para um sepulcro mais honroso e digno. A autorização foi concedida a condição de que o corpo fosse conservado num lugar bem fechado. Conforme as recomendações patriarcais, o túmulo foi aberto, pela primeira vez, no dia 15 de abril de 1899, em presença apenas de sete testemunhas, incluído as pessoas da Comissão eclesiástica. Então, foi o segundo fenômeno prodigioso: o corpo estava intacto!

De fato, as mãos repousavam sobre o peito, segurando o crucifixo. O corpo estava tenro e flexível. O rosto e as mãos eram os de um homem adormecido. De um dos lados do corpo, escorria um sangue vermelho misturado com uma espécie de água: o suor. Os paramentos, cheios deste líquido sanguinolento, foram trocados e conservados até hoje. Caso extraordinário, este líquido sanguinolento sempre escorreu de seu corpo até a sua Beatificação em 1965, pois, esta exsudação de seu corpo era permanente, apesar de muitas tentativas realizadas todas vãs para pará-la. Às vezes, este líquido atravessava as paredes do túmulo.

O túmulo foi também aberto, sempre em presença das duas Comissões eclesiástica e médica, em 1901, em 1909, em 1926 no dia 9 de outubro, em 1927 em dia de 24 de julho, em 1950 no mês de fevereiro, em 1952 no mês de agosto, e em 1955 no mês de setembro; o corpo estava sempre flexível, e sempre transpirando; e cada vez, os paramentos molhados foram trocados e conservados no museu de nosso Santo em Annaya.

Em 1952, o corpo foi exposto durante duas semanas no mosteiro de São Marun de Annaya afim de que os fiéis pudessem ver o corpo conservado. Milhares e milhares vieram visitá-la e vê-lo. Eu era uma das três pessoas responsáveis pelo corpo exposto, e via os fiéis que passavam das 7:00 horas de manhã até 7:00 horas da noite em frente do corpo, durante quatorze dias, fazendo fila ininterrupta; e cada um só podia recitar um Pai Nossa e uma Ave Maria.

Em suma, o Senhor, pela intercessão de nosso Santo, fez e está fazendo ainda, no Líbano como no mundo inteiro, diversos milagres e favores. É interessante revelar que, entre os favorecidos pelos milagres, contam-se ortodoxos, muçulmanos e druzos, entre outros. Todavia, entre os numerosos milagres que ocorreram pela intercessão de São Charbel, dois foram considerados e analisados para a Beatificação: a da irmã Maria Abel Kamari, libanesa da Congregação dos Sagrados Corações de Jesus e Maria, que durante 14 anos sofreu de uma úlcera estomacal, e o de Alexandre Obeid, libanês, que perdeu a vista ao receber um golpe no olho direito. Estas duas curas milagrosas aconteceram no Ano Santo de 1950. Para a Canonização estudou-se mais um milagre: o de Mariam Assaf Awad, libanesa, de 68 anos de idade. Em 1966 ela sofria de um câncer na amígdala direita. Era um tumor maligno e a paciente foi desenganada. O câncer lhe causava muitas dores e dificuldade de respirar e engolir. Em dezembro de 1966, recorrendo a São Charbel, ela curou-se de sua doença.

No entanto, o milagre mais característico concedido pela intercessão de São Charbel, é a conversão de um grande número de fiéis. De fato, numerosos cristãos afastados dos sacramentos da confissão e da eucaristia, ou mesmo afastados totalmente da Igreja, voltam ao Senhor ao visitar o túmulo de São Charbel; mudam de conduta e adotam uma vida coerente e cristã. O seu túmulo é frequentemente visitado no inverno e no verão, e a devoção por ele se tornou universal.

Quanto mais a pessoa se isola para estar perto de Deus, tanto mais ela está perto dos homens. Retirando-se do mundo para não ser do mundo, embora vivesse no mundo (Jo,17,16), São Charbel é conhecido no mundo inteiro. Centenas de milhares de cartas que chegam ao mosteiro de Annaya testemunham o fato.

Assim a vida de São Chartel é uma prova de que o verdadeiro eremita na Igreja é um apóstolo de Cristo, apóstolo por excelência. Padre Charbel foi beatificado no dia 5 de dezembro de 1965, por Sua Santidade o Papa Paulo VI, em presença dos compatriotas, de todos os cardeais e bispos da Igreja Universal, que se encontravam em Roma por ocasião do encerramento do Concílio Vaticano II. Todos assistiram a esta cerimônia memorável. No dia 9 de outubro de 1977, o mesmo Papa o canonizou, declarando o Santo do Líbano, Santo para a Igreja Universal, durante o Sínodo dos Bispos. Foi um evento inesquecível, por ser ele o primeiro confessor oriental beatificado e canonizado segundo as novas regras emanadas pela Sé Apostólica. Uma grande honra para o Líbano e particularmente para a Igreja Maronita e para a Ordem Libanesa Maronita.

Este fenômeno é curioso, e às vezes surge a pergunta: por que encontramos tantas pessoas que visitam regularmente e quase cada dia o túmulo de São Charbel'! A resposta.me parece esta: no mundo de hoje, de tal modo materialista, de tal modo egoísta, e de tal modo sensual, as pessoas, angustiadas pelo vácuo interior, tem a nostalgia da felicidade que não se consegue achar nem no conforto, nem na riqueza, nem na concupiscência da carne, nem na soberba da vida, como diz São João, o Evangelista (1Jo, 2,16), mas consegue achá-la nas virtudes que nosso Santo se esforçou para viver com grande heroísmo. Por isso, elas vêm ali para se sentir um pouco feliz, perto deste homem que consegui conhecer e viver a autêntica felicidade que elas estão procurando, e tentar imitá-la.

Santa Rafqa (Rebeca) El-Choboq El-Rayés

Ler a vida da Irmã Rafqa (Rebeca), monja libanesa maronita, beatificada no dia 17 de novembro de 1985, é ver realizado como o sofrimento deveria ser vivido com alegria! Por certo, não é fácil saber sofrer ou poder padecer; isto é toda a pedagogia cristã. Pois, não é também fácil manifestar o sorriso quando o corpo é totalmente desanimado e os membros desarticulados. Isto é toda uma vida de fé n'Aquele que escolheu a Via Sacra para salvar o mundo. Por fim, não é sempre fácil para o ser humano conservar sua calma interior e ter o rosto constantemente radiante quando a vida se torna uma noite permanente e quando o ' sono se torna um visitante extremamente raro! No fundo, precisa ser dotado dum espírito criador, pois, se chegamos a viver os sofrimentos humanos, saremos criadores de alegria e de felicidade. Órfã e consagrada a Deus, de clausura e arrastando seu martírio durante dezenas de anos, assim foi a vida da Irmã Rafqa cuja existência, desde a infância até a sua morte, foi sempre uma dura prova. Ora, toda vida penosa poderia ser; ou infeliz e desprovida de toda consolação - humana ou divina -, ou então uma vida feliz e fonte de todo reconforto. Nossa Beata é uma daqueles e daquelas que seguiram o Cristo, e que tinham participação da Santa Cruz. Em vez de ter sido infeliz e sem consolação, Irmã Rafqa pôde transformar seus contínuos sofrimentos em uma alegria contínua. Por isso, publicamos esta biografia como um presente àqueles que estão procurando, no sofrimento, a felicidade "neste vale das lágrimas".

Libanesa, membro da Ordem Libanesa Maronita, no seu ramo feminino, a Irmã Rafqa nasceu em 1832 em Himlaya, aldeia maronita da montanha libanesa, a cerca de 700 metros de altitude, no centro do país. Seu pai se chamava Mrad Saber El-Choboq El-Rayés, sua mãe Rafqa Gemayél. Temos poucas informações sobre sua família, pois sua aldeia foi saqueada durante os acontecimentos sangrentos que se desenrolaram no século passado, e de maneira particular em 1860 quando se realizou o genocídio dos Cristãos, e sobretudo dos Maronitas. Sabemos, porém, que ela nasceu em 1832, e que seu nome de batismo era Butrossiéh, Pedrina em Português. Sua mãe faleceu quando tinha apenas sete anos. Desde a infância, esteve privada da doçura da presença materna; foi a primeira cicatriz em seu tenro coração. Viúvo, seu pai não tardou se casar de novo. A presença de uma madrasta muitas vezes é ressentida amargamente por crianças de pouca idade; foi por isso que os anos de sua segunda infância foram duros, porque sua madrasta não lhe testemunhava o afeto de que precisava. Mas Butrossiéh se voltava para sua Mãe celestial, que se tornara também sua mãe terrestre. Esta devoção à Santíssima Virgem, aprendera de sua mãe antes que morresse. Esta, tal como todas as mães de antigamente, deu à filha a educação ao mesmo tempo humana e cristã; ensinou-se as orações e atos de piedade, em particular a oração da manhã e da noite, antes de se deitar. "Tal mãe, tal filha"! Butrossiéh só podia ser uma filhinha piedosa e bem educada.

Na adolescência, Butrossiéh sentia que os dias no Líbano ficavam muito pesados; os acontecimentos se precipitaram; a guerra civil começou em 1840, e depois em 1843 e 1845. As querelas na região e os combates no país provocaram dificuldades econômicas para o povo libanês. Para ajudar o pai, Butrossiéh não hesitou em se tornar empregada doméstica na casa da família de Ass'ad El-Badaui, que, com sua mulher Helena, era homem direito, honesto e profundamente cristão. Originário de B'abda, no Líbano, esta família instalou-se em Damasco. Butrossiéh foi com eles, e lá ficou cerca três anos. Segundo a opinião da família El-Badaui, era "um modelo de piedade, fidelidade e pureza".

Aos quatorze anos, seu pai chamou-a, na intenção de fazê-la casar, projeto que, aliás, era completamente estranho ao temperamento de nossa Beata. Mais de um pretendente se apresentou à jovem Butrossiéh, cuja beleza exterior era igualada pela beleza da alma; mas escutava, no fundo do coração, a voz do Senhor que chamava-a para segui-Lo. Um dia, um certo jovem da sua aldeia, cruzou com ela e lhe perguntou: "Onde podemos nos encontrar?" Ela lhe respondeu: "Pertinho da igreja", expressão libanesa que corresponde à expressão brasileira "chácara do padre", pois o cemitério estava sempre perto da igreja paroquial, e que o encontro ia se realizar após a morte. Por fim, surgiu um conflito ao seu redor, no seio de sua própria família: sua madrasta queria casá-la com seu irmão, e a tia materna, da sua parte, queria que se casasse com seu filho. Entre as duas mulheres surgiu aversão e inimizade. Um dia, ao pegar água na fonte da aldeia, ouviu a madrasta e a tia trocando insultos, por causa dela. Ficou impressionada e desgostosa com essas brigas, e pediu a Deus que a libertasse desta situação. Logo veio-lhe a idéia de ir para a vida religiosa. Assim que chegou aos vinte e um anos, e sem tardar, foi ao convento de Nossa Senhora do Bom Parto, em Bikfaya, que pertencia à Congregação das irmãs Mariamitas, recém-fundada, em 1853,pelo padre diocesano José Gemayél e padres jesuítas, para ajudá-los em suas atividades apostólicas, e de maneira particular, na educação das jovens libanesas.

Assim Butrossiéh deixou tudo e foi para seguir o Cristo. Seu pai, revoltado, foi, acompanhado pela madrasta, ao convento das Mariamitas para levá-la de novo à casa; mas seu gesto foi em vão. Butrossiéh recusou mesmo falar com eles, apesar da insistência da madre superiora que tentava convencê-la para encontrar seu pai e sua mãe. Então Butrossiéh lhe respondeu: "Prefiro que minha mãe me leve para ela primeiro, que deixar este convento". Surpreendida, a superiora lhe pediu esclarecimento. Butrossiéh lhe disse que aquela que acompanhava seu pai é uma madrasta, pois a sua mãe era já falecida. Então, seu pai voltou para casa e nunca a viu depois, e sua entrada no convento foi um "até à vista" para o mundo, e um "até à vista" para todos seus seres humanos queridos, incluindo seu pai!

Depois de um ano de postulante, Butrossiéh foi admitida ao noviciado em 9 de fevereiro de 1855, na festa de São Marun. Passou um ano e meio em Bikfaya, depois foi transferida para o convento de Ghazir onde funcionava o Seminário Oriental ou Seminário do Patriarcado Maronita. Este foi fundado em 2 de fevereiro de 1846 e confiado aos padres jesuítas. Ficou ali como noviça e depois como professa, por sete anos, preparando a comida para os seminaristas; entre eles, na época, Elias Houwaiék, que se tornou patriarca. Depois de terminado seu trabalho, tinha aprendido árabe, caligrafia e matemática. Ela fez a profissão religiosa em Ghazir em 1856.

Em 1860, foi transferida para Deir-El-Qamar para proporcionar a educação e formação das crianças, com outras co-irmãs e padres jesuítas. Ali, viveu o drama do genocídio dos Maronitas, ocorrido naquele mesmo ano "em que os perseguidores arrancavam os meninos dos braços de suas mães, e martirizavam os maridos nos joelhos de suas mulheres, com martelos e instrumentos de tortura". Nossa Beata pôde salvar um menino pequeno, que era perseguido para ser estrangulado; envolveu-o com seu hábito, e salvou-o da crueldade e barbárie de seus agressores. No momento destes massacres, as religiosas mariamitas que se encontravam naquela região, foram, por fim, escondidas num estábulo. Mais tarde, a irmã Rafqa sempre ficava com lágrimas nos olhos todas as vezes que tocava no assunto, tanto foi afetada pelos massacres. Depois de passar dois anos em Deir-El-Qamar, foi enviada à cidade de Jbeil (Biblos) para ensinar as meninas, com as outras mariamitas. Ficou ali apenas por um ano. A seguir, suas superioras enviaram-na à aldeia de Ma'ad para dirigir a escola das meninas. Passou ali sete anos; ficou hospedada na casa de um notável da aldeia, Antun Issa, homem extremamente rico, cristão praticante e grande benemérito; era casado, mas não tinha descendentes. Vivia com sua esposa no temor de Deus. Nossa Beata vivia na casa deles como se estivesse entre suas co-irmãs.

Em 1871, a Congregação das Mariamitas (do Sagrado Coração de Maria) de Bikfaya e a das Filhas do Sagrado Coração de Jesus de Zahlê foram dissolvidas, porque recusavam a fusão em uma só Congregação, como desejavam os padres jesuítas, de quem dependiam. Muitas religiosas voltaram, então, para o mundo; algumas foram recebidas em outras instituições; outras voltaram para suas casas, na esperança de se reencontrarem um dia. Efetivamente, e depois de novas negociações, os dignitários da Companhia de Jesus decidiram não considerar a resolução tomada em relação a elas, como definitiva. A casa de noviciado foi reaberta em 13 de novembro de 1884,e as Congregações foram definitivamente fundidas em uma mesma instituição sob o nome de "Congregação dos Sagrados Corações de Jesus e Maria".

Uma vez dissolvida sua Congregação, nossa Beata encontrou-se só, sem quem a apoiasse; estava na mais completa desorientação. Para enfrentar uma situação assim confusa, dirigiu-se à igreja da aldeia de Ma'ad, onde vivia, e pediu a ajuda do Senhor para saber onde se encontrava Sua Santa Vontade. Por inspiração divina, dirigiu-se ao mosteiro de São Simão, na aldeia de Aitu, para se tornar monja enclausurada, depois de ser freira professora. Tinha então trinta e nove anos. Foi recebida para o noviciado no dia 12 de julho de 1871; depois, fez os votos solenes em 25 de agosto de 1873. Achava que devia ser esposa de Cristo por toda a eternidade. Sua vida nunca deixou de ser exemplar.

A Irmã Rafqa se comportava bem. Nunca se queixou de nenhuma doença ou mal-estar. Tornando-se contemplativa, desejava ardentemente participar dos sofrimentos de Cristo. Seu desejo foi realizado no primeiro domingo de outubro de 1885, festa do Santo Rosário. Nesse dia, dirigiu-se a Deus pela seguinte oração: "Por que, meu Deus, Vos afastais de mim, e por que me abandonais'? Não me visitais pela doença! Teríeis me abandonado?" Naquela noite mesmo, no momento de dormir, experimentou uma dor violenta na cabeça; depois, esta dor se propagou por sobre seus olhos. Assim começou a Paixão da irmã Rafqa. A superiora enviou-a a Tripoli, a Ser'el e Batrun; mas nenhum médico pôde reduzir seus sofrimentos e dores intensas. A seguir, enviou-a a Beirute; no caminho, teve de parar em Jbeil, para pernoitar na casa de São João-Marcos, pertencente à Ordem Libanesa Maronita. O superior, padre Estevão, chamou um médico de origem norte-americana, que se encontrava na cidade. Depois de examiná-la, julgou necessário uma operação no olho direito, e insistiu, dizendo que o olho ficaria curado se a operação fosse feita, e garantiu que o olho não seria afetado. Fez com que a irmã Rafqa se sentasse numa cadeira, e sem anestesiá-la, enfiou em seu olho um bisturi longo e afilado, e puxou-o em direção a seu peito. O olho foi inteiramente arrancado, e caiu no chão, na frente dela, palpitando um pouco. A irmã Rafqa lhe disse, calmamente: "Em comunhão com a Paixão de Cristo! Deus guarde suas mãos, doutor! Deus lhe pague!" De imediato, o sangue correu abundantemente. Quanto à dor que sentiu naquele momento, só Deus sabe o quanto foi atroz. Malgrado isto, não gritou, nem se perturbou, e só disse palavras suaves. Na manhã seguinte, continuou seu caminho para Beirute, para curar seu olho arrancado. Ficou na casa das Filhas da Caridade; os médicos pararam o sangue que escorria da cavidade, e acalmaram a dor, que se concentrou sobre o outro olho. Antes de deixar a casa de Jbeil, perguntou ao superior, Pe. Estevão, se tinha pago o médico; e este respondeu: "Quereis que eu lhe dê a paga, por ter-vos arrancado o olho?! Ele se foi, e não apareceu mais, depois de tudo o que eu lhe disse!" No fim, a irmã Rafqa voltou ao mosteiro de São Simão, suportando atrozes sofrimentos, sem nunca se queixar. Pouco tempo depois, ficou totalmente cega. No ano de 1897, a Irmã Rafqa foi transferida com cinco outras monjas, ao convento de São José de Jrapta, recém-fundado. Ali, experimentou uma dor muito forte nas pernas, como se pontas de lança fossem enterradas nelas, e sentia uma dor nos artelhos, como se fossem arrancados. Depois, o mal invadiu todo seu corpo; por estes sofrimentos, começou a emagrecer e enfraquecer gradualmente; mas sua fisionomia continuava viva e bem disposta. No fim, viveu totalmente imobilizada, e todos os seus membros estavam deslocados, desarticulados, exceto as mãos. Suportava com paciência suas dores agudas, agradecendo a Deus por seus males, abandonando-se sem reservas à Sua Santa Vontade! O sorriso nunca desapareceu de seus lábios, e a paz e a serenidade sempre permaneceram em seu coração. Por isso todas as suas co-irmãs acorriam para ajudá-la, numa ardente competição, até o dia em que entregou sua alma a Deus, no dia 23 de março de 1914.

Os cristãos crêem na ressurreição do mesmo modo que na eternidade. Todavia, o passo que se tem de atravessar da vida terrena para a vida eterna não é muito fácil. Este "salto no vazio", para muitos, é realmente aterrorizante, pois, todos os seres humanos morrem uma vez na vida; cada um de nós não faz a experiência da morte que só uma vez! Por isso, ninguém poderia explicar o fato "morrer", nem descrever "este passo" único na vida ou este "salto no vazio". Mas o crente sabe muito bem que este passo não é "um salto no vazio", mas a passagem duma vida provisória a uma vida eterna, e esta passagem, em vez de ser horrorosa, se realiza na calma e na serenidade quando o ser humano cumpriu seus deveres para com Deus e para com o próximo, como para consigo mesmo, e quando aqui evitava o mal e procurava a fazer o bem, e quando trazia sua cruz, os sofrimentos, com Cristo e por Cristo! Então a sua morte se torna mais calma e muito doce. Assim foi a morte da Irmã Rafqa. Ela morreu como morrem os justos. Quando a superiora lhe perguntou: "Tem medo da morte?" Ela respondeu com sorriso; "Não, não tenho medo da morte que estou esperando desde muito tempo, pois, falecida, Deus vai dar-me a verdadeira vida". Depois de receber o viático, a superiora lhe perguntou: "Que deseja ainda minha querida'?" ela respondeu: "Que as irmãs leiam para mim o livro "As Glorias de Maria" e o livro da "Preparação à Morte"; e ela seguia atentamente cada frase.

Ao pôr de sol, antes de morrer, ela pediu desculpa às irmãs que começaram a chorar; depois ela pediu ao Padre capelão a última absolvição, e começou a repetir: "Jesus, Maria, José, lhes dou meu coração e meu espírito, tornem posse da minha alma". Quatro minutos depois, sua alma se elevou para perto do Senhor, para ser remunerada por seus sofrimentos destes muitos anos. Naquele dia, aqueles que a observaram, diziam: "parecia descansando num sono tranquilo e calmo, e que uma luz brilhava em seu rosto, e um sorriso estava gravado sobre seus lábios".

Ela faleceu no dia 23 de março de 1914 no mosteiro de São José de Jrapta. Seu corpo foi exposto durante dois dias na capela do mosteiro sem que um cheiro pútrido se sentisse do seu cadáver; a gente dizia: "Olha, ela esta mais dormindo que falecida". O caixão era simples, e mais simples foi seu enterro no mesmo mosteiro. Ao ver seu túmulo extremamente simples, se podia lembrar desta verdade: "À pequena gente, grandes monumentos; às grandes personalidades, uma simples pedra". Sem dúvida, a Irmã Rafqa foi uma grande personalidade na Igreja de Cristo, pois ela marcou seu século e seu país.

Piedosa e simples foi Butrossiéh na casa paterna. No convento das mariamitas e depois nos mosteiros da Ordem Libanesa Maronita, Irmã Rafqa adquiriu todas as virtudes cristãs, humanas e monásticas, e as observou com heroísmo.

A sua vida era dividida entre as preces e o trabalho: "Ora et Labora". Mesmo trabalhando, viajando, sofrendo, ela jamais cessou de rezar. Recitava cada dia o Terço, pois ela tinha uma grande e profunda devoção a Nossa Senhora que escolheu, desde a infância e depois da morte de sua mãe, como a única mãe neste mundo. Ela tinha grande devoção ao Sagrado Coração de Jesus, e uma devoção particular a São José ao qual fazia muitas novenas em prol daqueles que lhe pediram de rezar por eles. Quanto à sua devoção à Paixão de Nosso Senhor, ela foi tão grande que não é fácil de descrever. Antes de tornar-se paralítica, fazia cada Sexta-feira a Via Sacra. Quando era irmã mariamita, era doce, delicada, carinhosa e muito dedicada para com seus alunos. Como religiosa, era obediente, e repetia sempre: "Deus está me falando por meio das minhas superioras". Sua castidade era perfeita, e sua modéstia e pudor atraíram todos. Tinha uma bela voz, e foi uma belíssima moça. Religiosa e monja, conservou sua beleza e sua frescura, e sua beleza corporal foi a expressão da sua beleza interior, como diz a Bíblia: "A beleza da filha do rei é interior". Era humilde, jamais se queixou nem reclamou alguma coisa ou favor. Sua paciência ultrapassou todos os limites. Ela dizia sempre: "Peço a Deus a graça de ser paciente para poder participar da Paixão de Jesus". Paralítica e cega durante dezessete anos, nunca cessou de ser agradável, e sua companhia era atraente, pois sua submissão total à Divina Providência foi quase legendária. Repetia sempre: "Que a Vontade de Deus seja feita". Ela mesmo dizia: "Se Deus desloca meus ossos e os esmaga, que Sua Vontade seja feita". Em suma, Irmã Rafqa foi uma religiosa piedosa e uma monja bem virtuosa.

O homem de Deus não é capaz de fazer a não ser aquilo que Deus quer, pois está intimamente unido a Ele de tal modo que seu pensamento se inspira de Deus e seus atas tendem a ser conformes ao modo de agir de Deus. Caso aconteça ao homem de Deus fazer um milagre ou qualquer ato prodigioso, não é ele que o faz; é o próprio Deus que os opera. Deus opera milagres ou outros prodígios pela intercessão de seus fiéis discípulos e servidores. É um modo pelo qual Deus nos mostra a heroicidade das virtudes desses seus fiéis servidores e se compraz em ver os outros mortais imitarem seus exemplos. O milagre acontece não apenas para o bem do indivíduo beneficiado, mas sobretudo para o bem comum da humanidade. Todo milagre ou fato prodigioso é um sinal divino que nos revela, uma vez mais, a existência de Deus e que o Servo de Deus foi fiel à sua vocação, qualquer que seja esta vocação, servindo de modelo a ser seguido pelos mortais.

A monja Rafqa de Himlaya foi durante sua vida uma fiel serva de Deus. Sempre se esforçou por estar entre os verdadeiros discípulos de Cristo. A prova disso são os milagres que Deus realizou por sua intercessão. Antes de mais nada, sua vida neste mundo foi um verdadeiro milagre. Como pôde ela durante esta vida aguentar tantos sofrimentos, atingindo a idade de oitenta e dois anos? Certa ocasião, numa quinta-feira, no dia de Corpus Christi, estando a comunidade em adoração ao Santíssimo, Irmã Rafqa num desejo intenso de participar com a comunidade desse ato de adoração, não se sabe como, deixou seu leito e se arrastou sozinha até a Capela deixando todos os presentes assustados e maravilhados, ela que já não podia mais se mover sozinha no leito! Durante o período de sua vida aconteceram outros fatos prodigiosos. Um dia, duas monjas despiam-na como de costume, somente as duas. Irmã Rafqa perguntou se todas tinham saído, inclusive a superiora, pois estando cega não tinha como saber quem estava ou não. As duas monjas encarregadas de cuidar dela responderam afirmativamente; mas na realidade ali estava a madre superiora que queria ver a ferida horrível que nossa Beata tinha nas costas. Irmã Rafqa não queria que sua superiora a visse despida, pois a respeitava muito e sentia vergonha dela. Então ela disse: "Não me engane, a madre superiora está ainda aí, eu sinto sua presença". Nesse instante a madre superiora disse-lhe: "Sim, minha irmã, eu estou aqui; permita-me ver seu corpo". Nossa Beata numa monacal obediência, não se opôs, pois dirigindo-se à superiora lhe disse: "Minha madre, deixa perecer este corpo corruptível, para que os vermos não façam dele alimento".

Um outro fato foi relatado pela irmã Úrsula, a superiora que nossa Santa gostava e estimava muito. Aliás, seu apego à sua superiora estava de acordo com a Regra. Com efeito, o primeiro artigo das Regras e Constituições da Ordem Libanesa Maronita diz expressamente isto: "O monge ou a monja, deve considerar seu superior como o representante de Cristo, e deve manifestar-lhe toda honra e todo amor". A superiora disse um certo dia à Irmã Rafqa que, sendo cega e paralítica, sofria muito: "Irmã, que mais deseja nesta terra, enxergar?" A Beata respondeu: "Sim, eu gostaria de recuperar a visão, pelo menos por uma hora, para poder vê-la". "Uma hora somente, e logo após voltar a ser cega", replicou a superiora sorrindo. "Sim", respondeu ela. Enquanto mantinham este diálogo, a superiora e as outras monjas presentes viram-na sorridente e radiante de alegria dizer: "Estou enxergando, Deus seja louvado!"; em seguida começou a lhes dizer o que havia atrás do armário e a apontar com o dedo as manchas vermelhas do véu protetor do leito, etc... Depois disso, adormeceu tranquila e profundamente durante mais ou menos duas horas. Todas as presentes ficaram maravilhadas deste fato extraordinário.

Após sua morte foi constatado sobre seu túmulo o mesmo fenômeno que houve no túmulo de São Charbel na manhã do dia seguinte de sua inumação, dia 25 de dezembro de 1898: "uma luz esplendidamente brilhante saía do túmulo da nossa Beata e logo desapareceu. Várias pessoas moradoras nas vilas vizinhas ao mosteiro de São José de Jrapta presenciaram este fenômeno. "Eu vi esta luz, nos conta Dorgham Al-Khoury Kha'irallah, por duas vezes em duas noites diferentes; graças a esta luz eu via as folhas do carvalho que está em frente do túmulo".

Os milagres que o Senhor fez pela intercessão de nossa Santa aconteciam de um modo geral quando os doentes pegavam um pouco de terra da sepultura de Irmã Rafqa, misturavam com água e bebiam ou massageavam a parte doente do corpo. O primeiro milagre deste tipo aconteceu no próprio mosteiro de São José de Jrapta e a beneficiária foi a madre superiora. Irmã Úrsula Doumit sofria já há sete anos de um quisto que nasceu dentro do pescoço sob o queixo e já estava do tamanho de uma pequena noz. Os médicos prescreveram tintura de iodo, o que nada adiantou, pois este quisto tornou-se maior e incomodava muito Ir. Úrsula, de tal modo que bebia água ou leite com muita dificuldade. Quatro dias após a inumação da nossa Santa, o quisto causou à superiora um acesso de febre muito forte.

Durante a noite, Ir. Úrsula dormia profundamente quando percebeu que alguém batia na porta e uma voz lhe dizia: "Pega a terra do túmulo de Rafqa e passa na sua garganta". Pela manhã após se informar com suas monjas concluiu que nenhuma delas a incomodou durante a noite. Estava, portanto, certa de que esta voz vinha de muito longe. Levantou-se então e foi ao túmulo de Rafqa, pegou um punhado de terra, misturou com água e colocou sobre o quisto. Pouco tempo após, pode tomar um copo de leite sem nenhuma dificuldade. Apalpou em seguida sua garganta e não encontrou traço algum do quisto; estava completamente curada!

Alguns dias após a morte de Irmã Rafqa veio ao Mosteiro uma pessoa de nome Chahine Al-Farrane, da cidade de Sghâr, na vizinhança de Jrapta. Era uma boa cristã que tinha o justo necessário para viver. Estava inquieto e trêmulo. Disse à superiora: "Minha filha Madalena está com febre tifoide, já faz oito dias. Está com o corpo muito quente e inconsciente. Dei lhe alguns medicamentos que me ensinaram, mas não deu resultado. Deixei-a muito mal, quase morrendo. Eu lhe peço, madre, algum dinheiro para poder pagar o médico". A superiora sensibilizada, para tranquilizá-la e evitar gastos, aconselhou-o a pegar um pouco de terra do túmulo da Irmã Rafqa, que Chahine conheceu em vida como uma santa. Pegou um pouco da terra do túmulo da Santa e misturou com água, deu um pouco para a doente beber. Tão logo acabou de beber, começou a suar copiosamente ficando com o corpo encharcado de suor, não sentido mais febre. Estava completamente curada! No dia seguinte pode recomeçar seu trabalho como empregada doméstica.

Mariam, a irmã da superiora do Mosteiro, natural de Ma'ad e casada na cidade de Sghâr, havia sete anos que sofria de uma dor aguda no ombro esquerdo. Devido à dor, não conseguia nem pôr a mão no rosto ou sobre a cabeça a não ser com auxilio da mão direita. Trouxeram-lhe então um pouco de terra do túmulo de Irmã Rafqa. Misturou com água, bebeu uma parte e esfregou o ombro doente com a mistura restante. Sentindo-se curada, pôde movimentar seu braço esquerdo sem sentir dor alguma. No dia seguinte, pela manhã, veio ao Mosteiro agradecer à Irmã Rafqa. Estava muito feliz de ter sido privilegiada por esta graça. Deixou no Mosteiro um recipiente com óleo. "Este óleo, disse ela, é para ser queimado diante do Santíssimo Sacramento, em ação de graças".

O Pe. Marcos Al-Ma'adi conheceu pessoalmente a Irmã Rafqa quando em serviço no mosteiro de São José de Jrapta. Teve na bochecha direita um tumor do tamanho de um ovo de galinha que já tinha dezenove anos de existência. O mal se agravava e os médicos não conseguiram nenhum alívio. Um dia estando no mosteiro de São José, foi ao túmulo de Rafqa e disse, falando com ela: "Não se recorda mais dos meus trabalhos em seu convento? Veja como estou agora com esta doença incurável; venha em meu socorro!". Pegou em seguida um pouco de terra do seu túmulo e esfregou no tumor. Ao anoitecer, um certo líquido misturado com pus escorreu do tumor. Na manhã seguinte o tumor desapareceu sem deixar cicatriz. Estava curado! "Estou completamente convencido, disse ele, que foi a Irmã Rafqa que me curou".

Não é de todo inútil assinalar aqui que alguns médicos tentaram examinar em laboratório a terra que os fiéis pegavam no túmulo de nossa Santa. Tentaram descobrir ou explicar sua eficácia na cura de doenças. Agiram com má intenção? Não sabemos. O certo é que chegaram à conclusão que a terra do túmulo era idêntica a qualquer punhado de terra das montanhas libanesas. A única diferença é que estava mais próxima dos restos da nossa Santa!

Conforme está relatado no registro do mosteiro de São José de Jrapta, muitas curas aconteceram pela intercessão da Irmã Rafqa. Para terminar, será relatado mais este famoso prodígio: a cura de Sabát (Isabel) Hanna Georges, natural de Turza, no norte do Líbano. Ela, em 1936, começou a sofrer de uma hemorragia com dores fortes no útero. Foi cuidada por vários médicos e esteve internada para tratamento do mal no Hospital Hotel-Dieu de Beirut. Os médicos, entretanto, chegaram a concluir que ela estava com câncer no útero, sem esperança de cura. Disseram aos seus familiares: "Levem-na para casa para que não morra no hospital". Estava mesmo nas últimas e temiam que morresse antes de chegar em casa, na cidade de Turza. Durante a viagem ela pediu a intercessão da Irmã Rafqa, prometendo visitar seu túmulo. Chegou ao mosteiro de São José, passou uma noite. Imediatamente diminuiu a hemorragia; e rapidamente estava totalmente curada, alimentando-se à vontade, encontrando assim repouso completo. Morreu trinta anos após sua cura milagrosa.

A Causa de Beatificação da Irmã Rafqa foi apresentada a Roma em 1926. No dia 12 de junho de 1968, o Santo Padre Paulo VI promulgou o Decreto da Introdução da Causa, e assim foi "Serva de Deus". Este Decreto demorou um pouco para terminar antes a Beatificação de São Charbel, que se realizou no dia 5 de dezembro de 1965. No dia11 de fevereiro, aniversário da Aparição de Nossa Senhora de Lourdes, o Santo Padre João Paulo II reconheceu o heroísmo de suas virtudes; tornou-se então "Venerável". Depois de apresentar o dossiê relativo aos milagres que o Senhor concedeu por sua intercessão, o Sumo Pontífice, no dia 9 de julho de 1985, reconheceu a veracidade e a autenticidade do milagre examinado e apresentado. Foi a cura milagrosa da Sabát Hanna Georges, de Turza, dum câncer. Sua Beatificação se realizou no dia 17 de novembro de 1985, durante a santa missa que o Papa João Paulo II celebrou na Basílica de São Pedro no Vaticano e declarou a Irmã Rafqa El-Choboq El-Rayés Beata na Igreja de Cristo. Este evento foi uma grande honra para o Líbano e para a Igreja Maronita, esta Igreja que foi a única Igreja Oriental que ficou sempre Católica Apostólica Romana. Santa Rafka foi canonizada em 19 de agosto de 2001 pelo Papa João Paulo II. Comemoramos sua festa no dia 23 de março, dia de seu falecimento.

Nossa Santa morreu na idade de oitenta e dois anos. Está morta, mas seu exemplo continua vivo, de maneira particular durante os tempos duros que viveram os libaneses por causa da guerra de 1975 até 1990.

A mensagem da monja Rafqa a cada libanês, como a cada cristão, em meio a seu sofrimento, é a mensagem de paciência e submissão total à Divina Providência. O batizado, quer consagrado, quer leigo, que está procurando Jesus Cristo sem a Cruz, vai achar a cruz sem Jesus Cristo. Nossa Santa nos ensina que, com Cristo e por Cristo, a cruz, "os vários sofrimentos na vida", se torna fonte de alegria e de felicidade.

São Nimatullah Al-Hardini (Youssef Kassab), aquele que se fez "doação para os demais," é o terceiro santo do Líbano moderno.

A Igreja universal conta a partir do dia 16 de maio de 2004 com mais um santo do Líbano, quando João Paulo II canonizou o sacerdote e monge maronita Nimatullah Al-Hardini, um homem de Deus, pastor de almas e professor de teologia, querido também por muçulmanos e druzos.

Foi reconhecido em vida como o «santo» de Kfifan e nas atormentadas circunstâncias de seu país e de sua Ordem aprendeu a descobrir o amor como doação de si no sofrimento.

«Muito atento ao mosaico da comunidade libanesa, não fazia distinção entre muçulmanos, druzos ou cristãos em sua missão. O essencial para ele era salvar os demais», constatou ante os microfones de «Rádio Vaticana» o postulador da causa de canonização, Pe. Paulo Azzi.

O futuro santo – Youssef Kassab – nasceu em Hardine (ao norte do Líbano) em 1808, numa família de cristãos maronitas com seis filhos.

De 1816 a 1822 freqüentou em Houb a escola do mosteiro de Santo Antônio da Ordem Maronita Libanesa. Aos 20 anos entrou como seminarista no Mosteiro de Santo Antônio em Qozhaya e escolheu chamar-se Nimatullah («Graça de Deus»). Pronunciou os votos solenes em 14 de novembro de 1830.

Após sua profissão monástica, foi enviado ao mosteiro dos Santos Cipriano e Justina em Kfifan para estudar filosofia e teologia, participando por sua vez no ofício do coro e do trabalho nos campos. Era conhecido também por sua habilidade na encadernação de manuscritos e livros, que aprendeu no noviciado em Qozhaya. Também foi alfaiate da comunidade, trabalho que se lhe encomendou para não piorar ainda mais sua debilitada saúde nessa época.

Após concluir seus estudos teológicos, foi ordenado sacerdote em Kfifane, em 25 de dezembro de 1833.

Sua jornada se dividia em duas partes: a primeira para preparar-se para a celebração eucarística e a outra, dar graças pela celebração. Esta dimensão contemplativa a viveu na realidade de cada dia através do amor para com os irmãos e a cultura, sublinha a biografia difundida pela Santa Sé.

«Sua ciência não era uma clausura em si mesmo – aponta o Pe. Azzi – era uma abertura missionária para com os que tinham necessidade de sua caridade ou de sua ciência».

Nimatullah Al-Hardini fundou em Kifkan, e mais tarde em Bhersaf, um centro escolar para instruir gratuitamente a juventude.

Sofreu com seu povo as duas guerras civis de 1840 e 1845, que prepararam os sangrentos acontecimentos de 1860, quando muitos mosteiros foram incendiados, muitas igrejas foram devastadas e numerosos cristãos maronitas massacrados.

«Teve um papel excepcional nas obras caritativas durante o massacre dos cristãos em 1845. Estava junto a cada família e cada órfão, ajudava, ensinava e orava», sublinhou o postulador da causa de canonização.

Aquela etapa foi decisiva em sua espiritualidade, a situação civil no Líbano, em geral, sob o regime otomano foi tão difícil como a da Igreja maronita e a de sua Ordem. O futuro santo lançou assim seu extraordinário lema: «O mais inteligente é o que pode salvar sua alma», que não cessou de repetir a seus irmãos de comunidade.

Se lhe afirmava que fosse duro e severo consigo mesmo, mas era misericordioso e indulgente para com seus irmãos. O futuro santo libanês concebeu a santidade em termos de comunhão, e nunca deixava de encontrar ocasião para demonstrar seu amor sem medida.

Passava dias e noites em adoração eucarística; grande amante da Virgem Maria, rezava incessantemente o Rosário. Tinha especial devoção ao mistério da Imaculada Conceição – dogma que a Igreja confirmou em 1854; fundou 16 altares consagrados à Mãe de Deus, um dos quais, no mosteiro de Kfifan, foi chamado após sua morte «Nossa Senhora de Hardini».

Aos 43 anos de idade, foi nomeado pela Santa Sé Assistente Geral da Ordem durante três anos, por seu zelo na observância irrepreensível das regras monásticas. Duas vezes mais se lhe confiou esta tarefa. Contudo, por sua humildade rejeitou ser nomeado Abade Geral.

No exercício de seu cargo na Ordem manteve-se suave nas palavras e no modo de atuar. Residia com outros assistentes do Padre Geral no mosteiro de Nossa Senhora de Tamich, a Casa Geral da Ordem, mas não deixou de aproximar-se do mosteiro de Kfifan para o ensinamento, para seu trabalho de encadernação, realizado em espírito de pobreza, com especial atenção aos manuscritos litúrgicos.

Como professor de teologia no Seminário Maior teve entre seus alunos o santo libanês Charbel Makhlouf, que assistiria a morte de seu mestre.

Enquanto ensinava no mosteiro de Kfifan, padeceu de uma pneumonia pelo duro frio invernal da região. Após dez dias de agonia, morreu em 14 de dezembro de 1858 aos 50 anos de idade com um ícone da Virgem entre suas mãos e invocando-a: «Oh, Maria, confio-vos a minha alma».

Seus irmãos de comunidade perceberam uma luz resplandecente em sua cela e o perfume que a inundou durante vários dias.

Sua causa de beatificação foi apresentada em Roma em 1926 junto à do monge Charbel (canonizado em 1977) e a de Santa Rafqa, monja libanesa maronita canonizada em 2001. Nimatullah Al-Hardini foi beatificado em 10 de maio de 1998.

«A santidade para Al-Hardini era uma valorização das virtudes teologais e cardinais. Um homem do Espírito Santo que trabalhou sobre si mesmo para ser um prato de caridade no refeitório dos demais – constatou o Pe. Azzi. (...) A santidade para ele não era uma teoria, mas uma prática de cada dia, cada tempo e cada momento».

Em sua opinião, em nosso tempo, «a mensagem do beato Nimatullah é uma mensagem de amor, paz e esperança. O povo de Nimatullah é um povo que viveu sempre em sua história uma Semana Santa contínua. E para vencer o desespero, seguiu o caminho da esperança».

A canonização de Nimatullah Al-Hardini «é uma carta aberta dirigida ao Líbano, que sofreu muito, e aos libaneses, que têm necessidade de paz, e à martirizada terra do Oriente Médio», conclui o postulador. Sua memória litúrgica é celebrada aos 14 de dezembro.

São Nimatullah Al-Hardini, rogai por nós!

Beato Ir. Estephan (Estevão) Nehmé

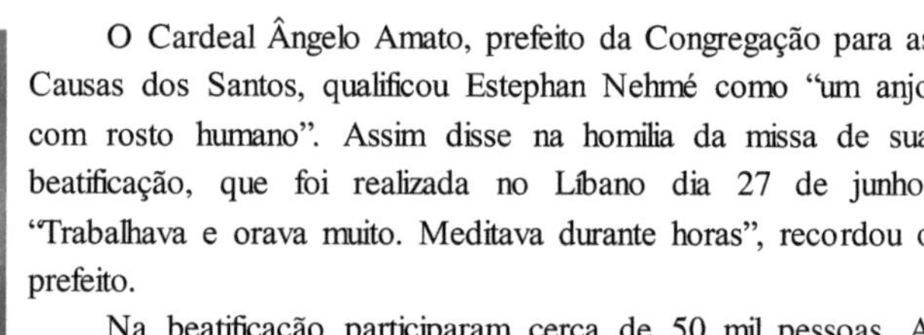

O Cardeal Ângelo Amato, prefeito da Congregação para as Causas dos Santos, qualificou Estephan Nehmé como "um anjo com rosto humano". Assim disse na homilia da missa de sua beatificação, que foi realizada no Líbano dia 27 de junho. "Trabalhava e orava muito. Meditava durante horas", recordou o prefeito.

Na beatificação participaram cerca de 50 mil pessoas. A cerimônia foi realizada no monastério de Kfifan, no Líbano, onde seu corpo está incorrupto.

Na praça de São Pedro, o Papa Bento XVI recordou durante a oração do Ângelus a figura deste monge da Igreja maronita elevado aos altares. "Alegro-me de coração com meus irmãos e irmãs libaneses e vos confio, com grande afeto, a proteção do novo beato", disse.

A cerimônia foi presidida pelo cardeal Nasrallah Sfeir, patriarca de Antioquia dos Maronitas. Dom Amato, em representação do Papa Bento XVI, proclamou a fórmula de beatificação. Também participaram nesta cerimônia o presidente do Líbano, Michel Suleiman, e o primeiro-ministro, Saad Hariri.

As relíquias do monge foram levadas em uma procissão até o local da beatificação. Uma imagem do beato foi pendurada na fachada do mosteiro onde ele foi elevado aos altares.

Seu nome era Yusef, nasceu em 1889 em Lehfed, e morreu em 1938. Quando era jovem, gostava de caminhar pelos campos do Líbano, para rezar de forma que pudesse evitar perturbações nas meditações e orações.

Seu postulador, Pe. Paulo Azzi, em uma entrevista ao L'Osservatore Romano, qualifica-o como alguém "humilde, reservado, atento a cumprir a vontade de Deus por meio da observação da regra, cheio de espírito de abnegação".

Seu pai havia morrido dois anos antes de Estephan pedir para entrar no mosteiro em Kfifan, com dezesseis anos. Dois anos depois (1907), professou os votos monásticos e em 1924 professou os votos solenes no monastério de Santo Antônio, em Houb.

Constantemente era enviado a diferentes conventos da mesma ordem: "aonde ia, deixava um testemunho de fidelidade ao chamado de Deus, de compromisso ascético e de oração contínua", disse Pe. Azzi.

Por sua vez, Dom Amato destacou em sua homilia "a fama de seu trabalho e de sua virtude", que chegavam ao ponto de "que os superiores dos conventos pediam para sempre ter o irmão Estephan em sua comunidade por seu bom exemplo na oração, no trabalho e na concórdia".

Durante a Primeira Guerra Mundial, quando a maior parte das famílias passava por um momento de grande fome, Estephan não parava de distribuir comida aos mais necessitados. Segundo o testemunho do monge Jirjis Nehme de Lehfed, durante a guerra, o novo beato viu uma criança que havia acabado de ficar órfã nos braços de sua mãe morta: "A cena o afetou: ele acolheu o menino com ternura em seus braços e o levou ao galpão do campo e cuidou muito bem dele", disse o monge.

"Deu-lhe leite e fez o mesmo com o grupo de seus pobres companheiros. Continuou cuidando deles até que escaparam sãos e salvos da guerra", disse Jirjis.

Um homem que soube viver sua vida espiritual como exigia a vocação: "quando a hora da oração chegava, enquanto estava no campo, partia para fazer suas devoções", disse o mesmo Jirjis.

Estephan gostava de trabalhar nos jardins e hortas. Segundo um escrito sobre sua morte, esta foi causada por "uma pequena indisposição, seguida por febre e logo houve uma embolia que marcou o fim de sua vida", depois de uma intensa jornada de trabalho no campo. Seu corpo foi encontrado incorrupto em 1951 e permanece assim no mosteiro onde foi beatificado.

Assim os pilares de sua vida foram a "pureza de coração", junto com a "oração ininterrupta", graças à contínua oração do Rosário. "Sua vida terrena", disse Dom Amato, "foi constantemente aberta à eternidade de Deus". Sua memória litúrgica é celebrada aos 30 de Agosto.

Beato Pe. Fr. Yakoub (Tiago) Haddad, OFM Cap

Sua vida toda foi vivida na dependência de Deus. Onde quer que fosse, de dia ou à noite, caminhando de um lugar para outro, Yacoub sempre rezar o rosário. Ele desenvolveu a sua missão sacerdotal de pregar e ensinar, cuidas dos órfãos e viúvas, dos pobres mais abandonados, no Líbano e na Síria.

Yacoub nasceu em Ghadir, um subúrbio de Beirute, no Líbano, em 1 de Fevereiro de 1875. Era o terceiro filho de quatorze crianças, filho de Boutros e Shams Haddad, pessoas de profunda fé cristã de rito maronita.

A vida da mãe é afetada pela sua experiência de vida como professor e o ajuda a compreender as dificuldades e os desafios enfrentados por cada família no Líbano, no século XIX, confrontados com dois movimentos importantes: mudanças na sociedade agrícola para uma sociedade industrial e imigração massiva das zonas rurais para urbanas ou do Líbano para o Egito e Estados Unidos.

Khalil Haddad, seu nome de batismo, foi para o Egito para se tornar um professor de árabe na Faculdade de São Marcos em Alexandria. Nesta cidade foi abalado pelo mau exemplo de um sacerdote, mas foi confirmado pela morte de um irmão capuchinho. Depois desses eventos decidiu abraçar a vida consagrada como frade capuchinho.

Seu pai ficou muito surpreso por esta decisão. Difícil foi para seu pai, mesmo que profundamente cristão, ver o filho assumir uma vida de austeridade numa ordem e viver na pobreza.

Quando Khalil entrou no noviciado da Ordem dos Capuchinhos, no Mosteiro de Santo Antônio de Pádua em 26 de março de 1894, o nome foi mudado para Yacoub. Um ano depois, ele emitiu os votos de pobreza, obediência e castidade. Então, Fr. Yacoub estudou Filosofia e Teologia. Em 1898, ele foi aceito como membro da fraternidade capuchinha definitivamente e foi ordenado sacerdote em Beirute em 01 de novembro de 1901.

No caminho de volta para sua cidade natal para comemorar a sua ordenação, ele teve um acidente: o carro onde viajava se atribui e ele caiu num abismo. Ele foi gravemente ferido, enquanto dois de seus amigos morreram. O acidente foi marcante em cada etapa de sua vida. Ele também o ajudou a estabelecer sua diligência pela vida religiosa. Em cada Missa, ele sempre se lembrava da sua primeira missa. A Eucaristia é fonte de coragem para fazer tudo.

Exemplo de ecumenismo como sacerdote franciscano capuchinho, Yacoub espalhava ativamente a espiritualidade de São Francisco de Assis. Em sua terra natal, ele era conhecido como o herói das obras de caridade. Foi chamado de Apóstolo da Cruz, São Vicente de Paolo do Líbano, Novo Cottolengo, de Novo Dom Bosco.

Após a Segunda Guerra Mundial, Yacoub, foi apontado como chefe da comunidade, estabelecendo, num estado de emergência, refúgios e dispensários em qualquer lugar. A grande questão que enfrenta era a dos órfãos e viúvas. Ele começou a recolher crianças e educá-las.

Seu sonho é proclamar a Cruz como um sinal de esperança de vida, um sinal de vida para aqueles que morrem sem honra por causa da guerra e da fome. Assim, em 1930 o Beato Yacoub fundou a Congregação das Irmãs Franciscanas de Santa Cruz, no Líbano. Elas ajudam muito, até hoje, nas obras caritativas por ele iniciadas.

O Beato Yacoub Haddad sempre evitava os extremos e sabia como tomar decisões importantes. Os votos que prometeu ele os viveu em profundidade e com coerência, exigindo o máximo de si mesmo. Ele concentrou sua vida em pregar a Palavra de Deus, ajudar as pessoas pobres, crianças órfãs, e os sem-teto.

Ele foi e é respeitado por políticos e líderes religiosos ortodoxos, muçulmanos e druzos. Ele foi exemplar no diálogo e no ecumenismo, movimento baseado no amor de Cristo.

Morreu com a idade de setenta e nove anos em 26 de junho de 1954. O processo de beatificação foi aberto em Beirute, seis anos após a sua morte. Depois de passar por um longo processo, o Papa Bento XVI o beatificou em 22 de junho de 2008 e fixou a data da sua festa aos 26 de Junho.

NOSSA SENHORA DO LÍBANO E O SEU SANTUÁRIO

No alto da colina de Harissa (palavra que significa proteção), que domina a baía de Junieh, entre o mar azul e o cimo das legendárias cordilheiras que deram nome àquela terra singular, desponta uma das inspirações do povo libanês: a imagem de Nossa Senhora do Líbano e o seu santuário, metas de peregrinação tanto de cristãos como de não-cristãos que, aos pés da Mãe de Deus e diante do sacrário, depositam seu amor, suas preces, suas lágrimas, esperanças e agradecimentos, desafogando o coração, purificando a alma, voltando revigorados para a lida do dia-a-dia. Este santuário faz como que uma síntese de todas as invocações marianas presentes no país dos cedros, pois não há cidade ou aldeia onde ela não seja especialmente venerada e honrada com especial carinho filial, sob os mais variados títulos.

A devoção do povo libanês por Nossa Senhora é tradicional, remontando aos primeiros séculos da Igreja, pois seus antepassados fenícios tiveram a grande graça de conhecerem pessoalmente Maria Santíssima, assim como a Seu amado Filho Jesus. Aliás, a proteção de Nossa Senhora, aliada à de S. Marun, salvou o Líbano de muitos perigos, conservando sua autonomia no decorrer dos séculos e confirmando seus habitantes na fé católica e na fidelidade a Roma, fazendo dessa nesga de terra, confinada entre a montanha e o mar, a pátria da fé e da liberdade. O coração maronita é um coração mariano e todo ofício ou celebração maronita deve contar com orações e hinos dirigidos à Virgem Maria, Mãe de Deus e Senhora nossa. Ainda que não haja um só vilarejo em todo o Líbano que não tenha um lugar de devoção local dedicado a Maria Santíssima, o Santuário de Nossa Senhora do Líbano é o Seu santuário por excelência e a ele acorrem os fiéis durante todo o ano, mas principalmente no mês de maio.

Junto ao antigo santuário – uma pequena capela de forma cônica, construída toda em pedra calcária e que serve de base para a monumental imagem em bronze de Maria Santíssima – eleva-se um novo, amplo, em cimento armado e vidro, cujas linhas modernas lembram o cedro e uma embarcação fenícia estilizada. O peregrino, se assim o desejar, poderá subir por uma escada em espiral que, formando um todo com a base-capela, chega até os pés da imagem de Nossa Senhora, contornando por fora a construção. De lá se descortina um panorama dos mais belos. E para facilitar o acesso ao santuário, além de larga e bem projetada estrada de rodagem, foram construídos quarenta teleféricos que, partindo da cidade de Junieh, que se estende à beira-mar, se dirigem à montanha do santuário, descortinando aos olhos dos seus usuários um esplêndido panorama. A propósito: assim como o Cristo Redentor é uma "obrigação" a todo turista que visita o Rio de Janeiro, do mesmo modo o é o santuário de Nossa Senhora em Harissa, para quem vai ao Líbano.

As origens deste santuário remontam ao princípio do século passado e se devem à iniciativa do grande Patriarca Maronita Elias Pedro El Howayek que, juntamente com o então Núncio Apostólico do Líbano, D. Carol Duval, idealizou e construiu essa casa de oração para comemorar o cinquentenário da proclamação do dogma da Imaculada Conceição. Corria o ano de 1904. As cerimônias de inauguração, que contaram com a participação de todo o episcopado oriental, foram celebradas no 1.º Domingo de Maio de 1908 (no cinquentenário das aparições da Imaculada a St.ª Bernadete Soubirous, em Lourdes), sendo então Núncio Apostólico Feridiano Giannini. Desde então, tal dia se tornou a festa anual de Nossa Senhora do Líbano. Anualmente se renova tal efeméride, cujo ponto alto é a celebração da Santa Missa presidida pelo Patriarca Maronita, com a presença do Presidente da República e seu ministério, além de

outras personalidades civis, religiosas e grande número de fiéis.

O projeto da construção se deve ao arquiteto francês Gio e tem 64 m. de circunferência na base, terminando com 12 m. no topo, perfazendo um total de 20 m. de altura. Na sua sumidade encontra-se a imagem de Nossa Senhora, fundida em bronze em Lyon (França), composta por sete peças, com o peso total de 15 toneladas, e um perímetro de 5,50 m., medindo 8,50 m. de altura. Aportou em Beirute em 1905, um ano após o início das obras do santuário. Toda pintada de branco, o que lhe confere uma aura de pureza e esplendor, é visível, dia e noite, a quilômetros de distância graças à sua posição privilegiada e à iluminação noturna.

Ela repousa sobre a base-capela dedicada a Nossa Senhora Mãe da Luz (Oum En-Nour) e que guarda no seu interior, além do Santíssimo Sacramento – conservado em um sacrário esculpido em cedro, com a forma de um cedro que serve de fundo a uma cruz entre cachos de uva – uma imagem de Nossa Senhora Mãe da Luz, que – benta pelo Papa Pio XII – antes de ser entronizada no santuário, percorreu todo o Líbano em 1954, além de um crucifixo também esculpido em cedro – obra do artista Roudy Rahme, assim como o sacrário. E no mesmo ano de 1954, o Cardeal Angelo Roncali, o saudoso Papa João XXIII, então Patriarca de Veneza, como Legado Pontifício coroou solenemente a imagem de Nossa Senhora do Líbano por ocasião do centésimo aniversário da proclamação do dogma da Imaculada Conceição e do cinquentenário da ereção do Seu santuário em Harissa.

O novo santuário tem, na sua parte inferior, uma capela semicircular dedicada a N.ª Sr.ª de Lourdes, onde são celebradas a maior parte das cerimônias litúrgicas habituais. E fora do santuário, á direita de quem o vê, está a Capela do Perdão, idealizada como local de celebração para pequenos grupos de peregrinos e, principalmente, para se celebrar o Sacramento da Reconciliação (Confissão).

Diante do constante aumento do afluxo de peregrinos e visitantes (dos quais muitos não-cristãos) – que cresce ano após ano – a Administração do santuário (confiada aos Missionários Libaneses Maronitas) se viu obrigada a construir uma nova e grande igreja capaz de acolher as multidões de fiéis.

Assim, uma idéia surgida durante a década de 1960 foi-se concretizando até que, aos 31 de maio de 1970, graças aos auspícios do Patriarca Paulo Pedro Al Meouchy, foi lançada a pedra fundamental do novo edifício, cujas formas se inspiram nas do cedro do Líbano e da nave fenícia, concebido pelo arquiteto Piere Khoury e executado pelo engenheiro Mouiin Aoun. Tem 115 m. de comprimento e largura máxima de 67 m., com 49 m. de altura máxima. Sua fachada mede 42 m. de altura por 20 m. de largura e comporta um total de 3.500 pessoas.

Atualmente, o Santuário é considerado o maior centro de peregrinação de todo Oriente, tomando-se um local aberto, permanentemente, para atender o povo em suas necessidades espirituais: missas, confissões, direção e retiros espirituais além de reuniões de grupos de oração e de um grande movimento de jovens.

Este novo santuário foi o palco do encontro do Papa João Paulo II com a juventude libanesa, aos 10 de maio de 1997: 8.000 pessoas estavam de pé, dentro da basílica, e as demais – dezenas de milhares, vindas de todos os rincões do Líbano, cristãs e não-cristãs – espalhavam-se pela explanada do santuário e seus arredores. Naquela ocasião e nesta nova Basílica, o Papa João Paulo II divulgou sua Exortação Apostólica "Uma Nova Esperança para o Líbano"; e concluiu dizendo: "O Líbano é mais do que um país. Ele é uma mensagem!"

É notável a presença de muçulmanos no santuário durante todo o ano, mas principalmente no mês de maio e durante todo o verão, subindo as escadas que levam aos pés da Virgem onde permanecem em oração e, depois, desfrutam da paisagem que se descortina maravilhosa ante os olhos de quem faz esse esforço. Milhares de peregrinos de todos os cantos do Líbano e dos países árabes, mesmo da religião muçulmana, visitam o santuário para cumprir suas promessas e pedir à Mãe de Deus, novas graças que, com suas mãos estendidas, concede bênçãos especiais a todos os seus filhos.

Quem eleva seus olhos, de noite e de dia, para a colina da proteção (Harissa), tem a alegre consolação de ver a imagem da Mãe de Deus com seus braços abertos acolhendo o seu olhar, ouvindo a sua prece, velando sobre a sua vida. Ela, toda beleza e esplendor, é também toda atenção e solicitude. Ela, toda pureza e santidade, é também toda refúgio do pecador, abismo de misericórdia.

E os maronitas, herdeiros da vocação marítima fenícia, espalhados por todo o mundo, perpetuam seu amor incondicional a Nossa Senhora, consagrando-lhe templos que assinalam suas presenças e perenizam seu filial devotamento à Igreja e à Sé de Pedro, das quais Ela é ícone.

Também em terras brasileiras aportaram esses bravos e, dedicando-se à construção de suas vidas nessa nova pátria, ofereceram a todos os que entraram em contato com eles, juntamente com sua proverbial hospitalidade, sua fé e seu amor a Maria Santíssima. Assim, no Brasil, quase todas as paróquias maronitas (as mais antigas) são dedicadas a Nossa Senhora do Líbano que, estendendo suas mãos imaculadas, abençoa seus filhos e devotos, atraindo seus olhos e corações para a pátria celeste.

CONCLUSÃO

QUEM SÃO OS MARONITAS?

Dentro da Igreja Católica um há de fato muitas Igrejas que mantêm suas próprias tradições de teologia, liturgia, espiritualidade e do governo que são bastante diferentes das normalmente associadas ao catolicismo "romano" ou latino (ocidental).

Muitas pessoas esquecem – ou não percebem – que o Cristianismo veio do Judaísmo. Como a Igreja se expandiu para além do reino do Judaísmo, ela adaptou-se às pessoas e culturas nas quais criou raízes. Essa adaptação cultural resultou em 22 diferentes ritos da Igreja Católica de hoje. A Igreja Maronita mantém suas raízes judaicas mais do que qualquer outro rito católico, como evidenciado por seu uso do aramaico / siríaco e pelas orações que permanecem fiéis às formas semitas e ao Velho Testamento.

Como a maioria de nós percebe, a Igreja começou no Oriente. Nosso Senhor viveu, morreu e ressuscitou na Terra Santa. A Igreja de Jerusalém se espalhou por todo o mundo conhecido. Com a sua propagação, a Igreja encontrou culturas diferentes e adaptou-se, retendo de cada cultura o que era coerente com o Evangelho e purificando o que lhe era contrário. Na cidade de Alexandria, a Igreja se tornou muito egípcia, em Antioquia, permaneceu muito judaica, em Roma, assumiu um aspecto italiano e cosmopolita e em Constantinopla assumiu a pompa da corte imperial romana do Oriente. Todas as Igrejas que se desenvolveram desta maneira foram orientais, exceto a de Roma. A maioria dos católicos no Brasil tem suas raízes na Europa Ocidental, onde o rito romano predominou. Tem sido dito que as Igrejas católicas orientais são "o segredo mais bem guardado na Igreja Católica".

O Concílio Vaticano II declarou que "todos devem perceber que é de suprema importância entender, venerar, conservar e promover o patrimônio extremamente rico litúrgico e espiritual das Igrejas orientais, a fim de preservar fielmente a plenitude da tradição cristã" (Unitatis Redintegrato, 15). Papa João Paulo II disse que "a Igreja Católica é Oriental e Ocidental" e que respira com "dois pulmões".

A Igreja Maronita deve seu nome a um importante patrono, São Maron, que morreu em 410, da nossa era.

Os maronitas são um povo que se instalou no Líbano desde o século V, e depois se espalhou por todos os países vizinhos e no mundo inteiro, incluindo o Brasil. Sua língua litúrgica é o aramaico, isto é, a língua falada pelo próprio Jesus Cristo e pelos seus apóstolos e discípulos.

O Líbano é um país com uma rica herança bíblica. Os cedros do Líbano foram a fonte de madeira para o Templo de Salomão (I Reis 5,5-7), e os cedros são mencionados em todo o Antigo Testamento. O Líbano figurou nas origens do Cristianismo, porque Jesus Cristo visitou Tiro com sua mãe Maria e fez um milagre para a filha da mulher siro-fenícia, como observado em Mateus 15,21-28 e Marcos 7,24-30.

O Líbano é a casa da Igreja Católica Oriental Maronita, um dos seis Patriarcados das Igrejas Orientais Católicas.

Os maronitas foram sempre ligados à Sé Apostólica de Roma; a Igreja Maronita é a única comunidade eclesiástica no Oriente Médio que nunca teve uma Igreja ortodoxa gêmea. Os maronitas têm sido e são sempre Católicos Apostólicos Romanos.

Os maronitas exerceram um papel preponderante no renascimento cultural, conhecido pelo Oriente Médio contemporâneo. O bispo maronita Germano Farhat foi o promotor deste renascimento no século XVIII. Na Europa, nos séculos XVII e XVIII, se dizia "Sábio como um maronita".

Pode-se dizer, sem hesitação, que o Líbano cristão é obra dos maronitas; isso explica muitos fatos da história civil e religiosa do Líbano. E isto faz do Líbano um país singular no Oriente Médio, onde a tolerância, o respeito mútuo, a convivência pacífica de comunidades de fés diferentes acontecem na harmonia da vida social nacional.

A Igreja Maronita era e continua sendo, a despeito dos eventos dos últimos anos, por causa dos dezessete anos de guerra civil, uma escola de santidade. Esta Igreja nos deu as mais belas figuras de santidade, isto é, São Charbel Makhlouf, canonizado no dia 9 de outubro de 1977; Santa Rafka (Rebeca) El-Choboq El-Rayes, canonizada no dia 19 de agosto de 2001; São Namtallah Kassab Al-Hardini, canonizado no dia 16 de maio de 2004; o Beato Estevão Nehme, beatificado aos 27 de Junho de 2010 e o Beato Yacoub de Ghazir Haddad, capuchinho e fundador das Irmãs Franciscanas da Cruz., beatificado aos 22 de junho de 2008.

Os quatro primeiros foram membros da Ordem de Santo Antão Libanesa Maronita, nos ramos masculino e feminino e o último é franciscano. Isso nos mostra não só a pujança da vida espiritual maronita como a sua simbiose com a vida espiritual latina, que geram tais frutos de santidade para a Igreja e para o mundo.

Como os maronitas não pediram o consentimento de ninguém para instituir um Patriarcado, tampouco pediram autorização para escalar as montanhas do Líbano, abrigar-se em seus cumes e vales e transportar um pouco de terra dentre suas rochas a fim de plantar nela algo que comer. Eles fizeram também do Monte Líbano um refúgio para todos os oprimidos no Oriente.

Por um ato de liberdade, os maronitas nasceram e apareceram no mundo, e por causa desta liberdade emigraram de uma terra para outra, do Oriente até o fim do Ocidente. Foram perseguidos e não perseguiram ninguém. Na liberdade está a razão de ser das garantias que continuam exigindo dos amigos orientais, europeus, americanos e da ONU.

Concluímos este opúsculo com uma citação da carta pastoral dirigida aos orientais católicos ("Fé e União" de 13 de abril de 1953) pelo primeiro Ordinário deles no Brasil, o Cardeal Jaime de Barros Câmara, por ocasião do primeiro aniversário de ereção do Ordinariato. No número VI, dirigindo-se aos maronitas, diz o insigne Prelado: "Numerosos neste Arcebispado e no Brasil inteiro, nós vos saudamos, prezados Maronitas, sempre fiéis à Igreja de Cristo, sempre unidos à Sé de Pedro, sempre abençoados pelos Sumos Pontífices. Vossa liturgia conserva a língua aramaica, segundo S. Tiago usava em Jerusalém, o que não impediu as influências do rito latino, como por exemplo se verifica nos paramentos romanos, autorizados por Inocêncio III. Tão interessada se sabe a Santa Sé na conservação de vosso rito, que ultimamente recolocou nos moldes antigos a nova edição do ritual.

Desde o século IV, em que viveu S. Maron, formastes um corpo de defesa e de propaganda do catolicismo no Oriente, o que vos valeu muitas calúnias e perseguições. Assim não é para admirar que tenhais trezentos e cinquenta mártires canonizados, e mais três beatificados pelo S. Padre Pio XI em 1926.

Nuca aderistes a cismas nem a heresias, o que significa adesão completa à Santa Sé, razão porque merecestes elogios como este de Clemente II, em 1735: "O povo maronita é como rocha solidíssima contra a qual se partem as fúrias dos inimigos da fé de S. Pedro". E este outro do Beato Pio X, na alocução de 29 de junho de 1905: "Como o cedro tem permanecido firme nas altas montanhas do Líbano, assim a fé de S. Pedro tem permanecido firme no coração dos Maronitas".

Mais não sabemos dizer. Mais não sabemos se se possa dizer. Só podemos desejar o aumento de vossa piedade e maior número de sacerdotes maronitas que espalhados por este vasto Brasil, oriente vosso desenvolvimento espiritual.

Deus vos abençoe, queridos Maronitas" (Boletim do Ordinariato dos Católicos de Ritos Orientais do Brasil, nº 1, 1953, p. 41-42).

Estes são os maronitas! Possam as gerações vindouras continuar a marcha sobre as pegadas de seus ancestrais, a fim de que a maronidade conserve sempre sua autenticidade, e o Líbano continue sendo a pátria da liberdade do homem!

www.bkerke.org.lb

Printed by Books on Demand GmbH, Norderstedt / Germany